STEP 3

손으로 생각하는 사고력 수학 시리즈

챌린지 CHALLENGE

3D큐브

몬스터매스 챌린지의 활용법

3D큐브를 활용하여 수학의 5대 영역(수와 연산, 도형, 측정, 자료와 가능성, 규칙성)의 내용을 골고루 학습합니다.

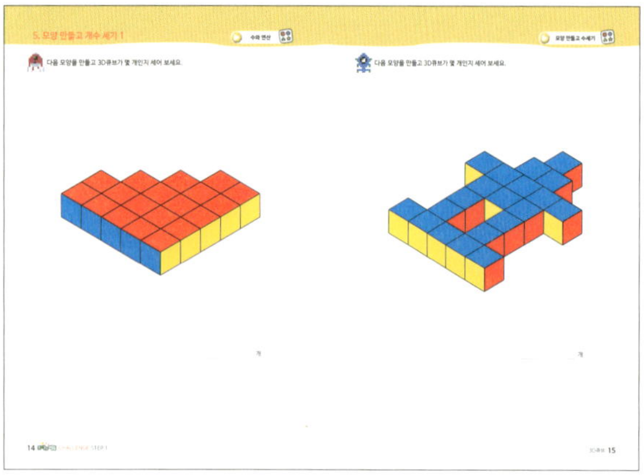

3D큐브의 수학적 의미에 대한 스토리는 아이들에게 흥미를 이끌어내도록 합니다.

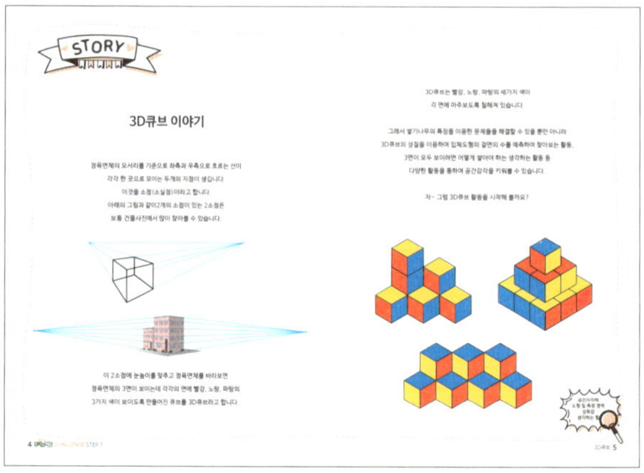

아이들의 흥미를 위해 놓아보기( ), 색칠하기( ), 연필로 그려보기( ) 등 다양하게 활동하도록 합니다.

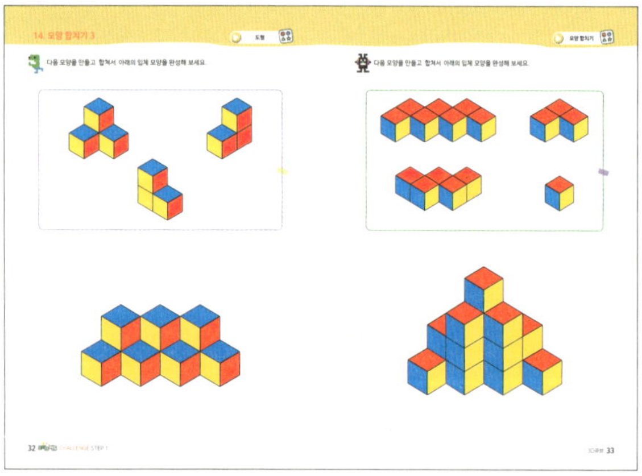

티칭 가이드를 통해 주제에 따른 학습 내용과 지도에 대한 팁을 활용합니다.

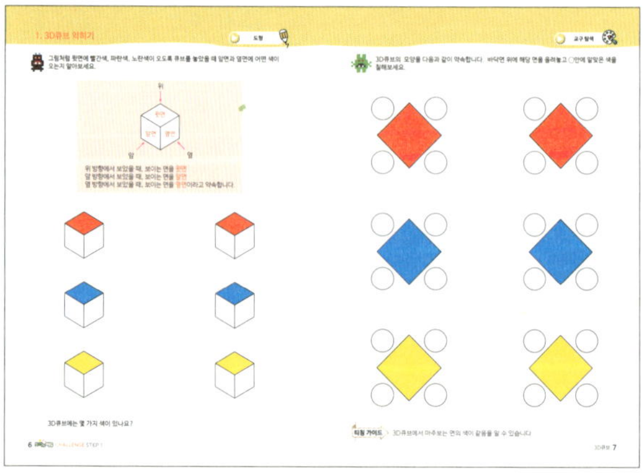

학습효과

1. 수학의 5대 영역에 대하여 폭넓게 익히고, 경험할 수 있습니다.
2. 특히 영재성의 기본인 공간지각력을 키우고, 공간 구조를 익힐 수 있습니다.
3. 어려운 문제를 해결해냄으로써 성취감을 높여줍니다.
4. 문제 해결을 위한 전략적인 사고는 생각하는 힘을 길러줍니다.

CONTENTS

너무 재미있겠다~
빨리 빨리
시작해요~

STORY

3D큐브 이야기

정육면체의 모서리를 기준으로 좌측과 우측으로 흐르는 선이
각각 한 곳으로 모이는 두개의 지점이 생깁니다.
이것을 소점(소실점)이라고 합니다.
아래의 그림과 같이 2개의 소점이 있는 2소점은
보통 건물사진에서 많이 찾아볼 수 있습니다.

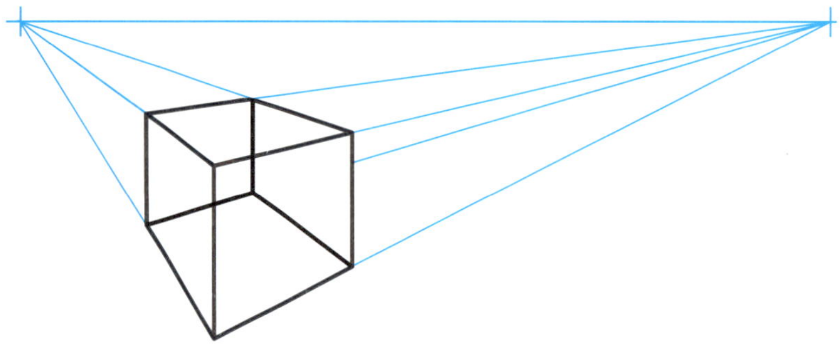

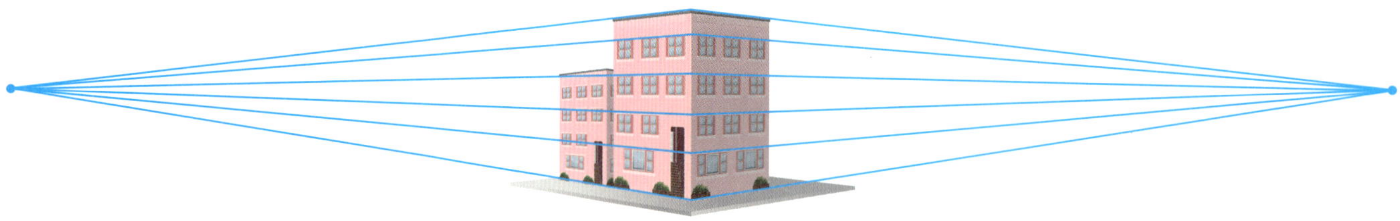

이 2소점에 눈높이를 맞추고 정육면체를 바라보면
정육면체의 3면이 보이는데 각각의 면에 빨강, 노랑, 파랑의
3가지 색이 보이도록 만들어진 큐브를 3D큐브라고 합니다.

3D큐브는 빨강, 노랑, 파랑의 세가지 색이
각 면에 마주보도록 칠해져 있습니다.

그래서 쌓기나무의 특징을 이용한 문제들을 해결할 수 있을 뿐만 아니라
3D큐브의 성질을 이용하여 입체도형의 겉면의 수를 예측하여 찾아보는 활동,
3면이 모두 보이려면 어떻게 쌓아야 하는지 생각하는 활동 등
다양한 활동을 통하여 공간감각을 키워볼 수 있습니다.

자~ 그럼 3D큐브 활동을 시작해 볼까요?

그림처럼 윗면에 빨간색, 파란색, 노란색이 오도록 큐브를 놓았을 때 옆면에 어떤 색이 오는지 알아보세요.

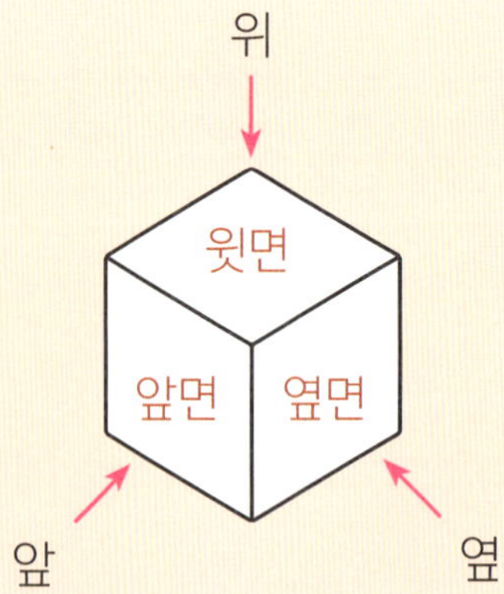

위 방향에서 보았을 때, 보이는 면을 윗면
앞 방향에서 보았을 때, 보이는 면을 앞면
옆 방향에서 보았을 때, 보이는 면을 옆면이라고 약속합니다.

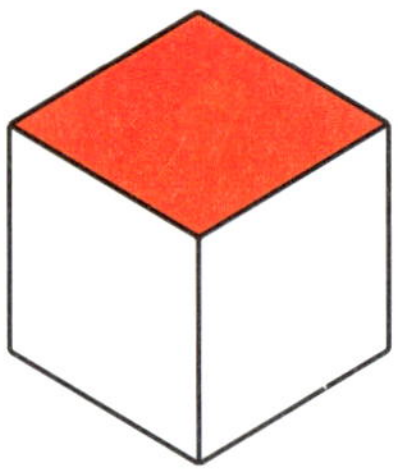

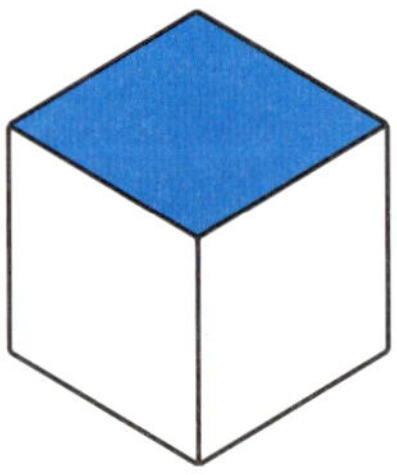
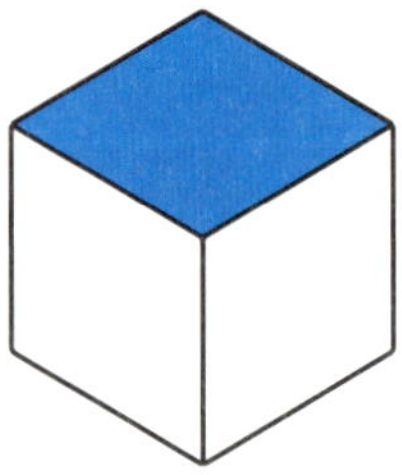

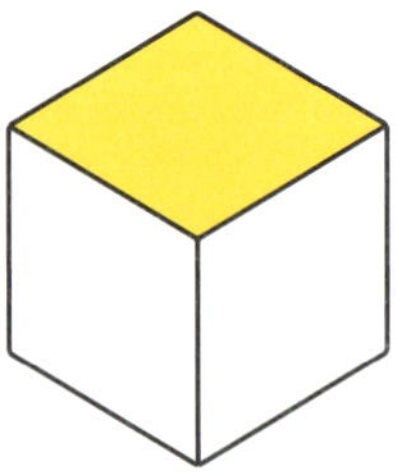
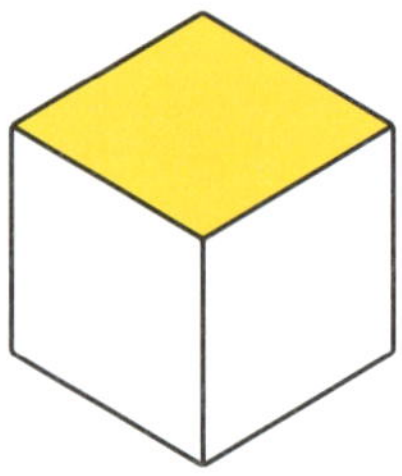

3D큐브에는 몇 가지 색이 있나요?

3D큐브의 모양을 다음과 같이 약속합니다. 바닥면 위에 해당 면을 올려놓고 ○안에 알맞은 색을 칠해보세요.

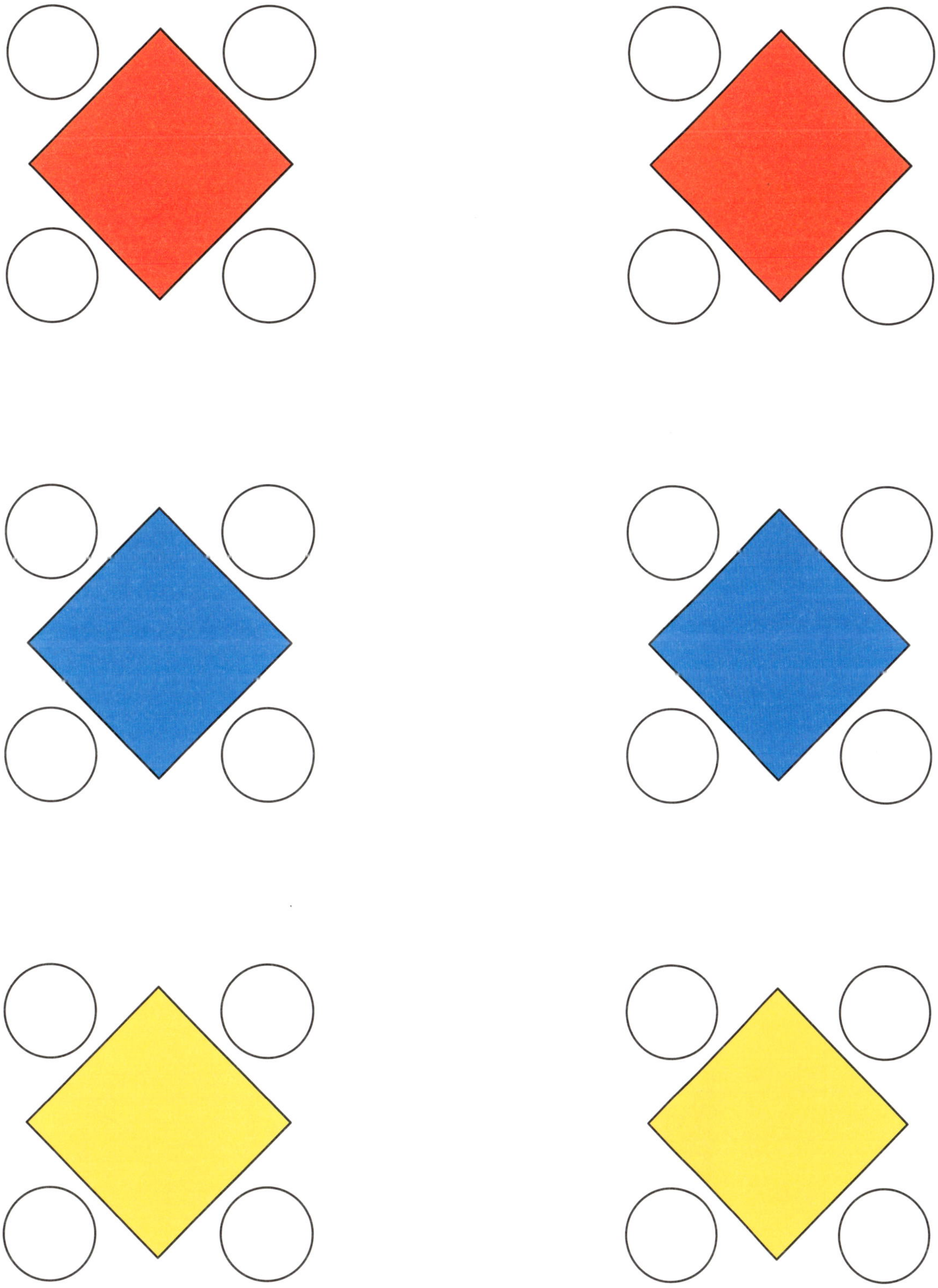

티칭 가이드 3D큐브에서 마주보는 면의 색이 같음을 알 수 있습니다.

2. 3D큐브로 모양 만들기 1

도형

㉮, ㉯, ㉰, ㉱를 모두 사용해서 입체 모양을 만들려고 합니다. 1층을 만드는 데 사용한 모양을 모두 찾아보세요. 이때, 제시된 모양을 돌리거나 뒤집지 않고 사용합니다.

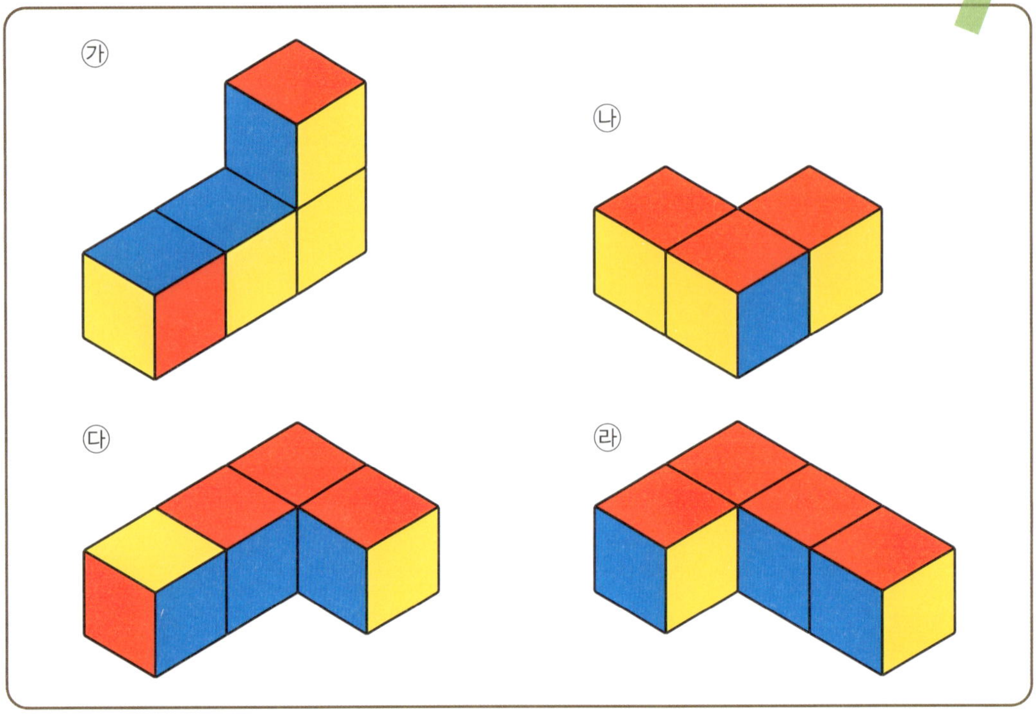

㉮, ㉯, ㉰, ㉱를 모두 사용해서 입체 모양을 만들려고 합니다. 1층을 만드는 데 사용한 모양을 모두 찾아보세요. 이때, 제시된 모양을 돌리거나 뒤집지 않고 사용합니다.

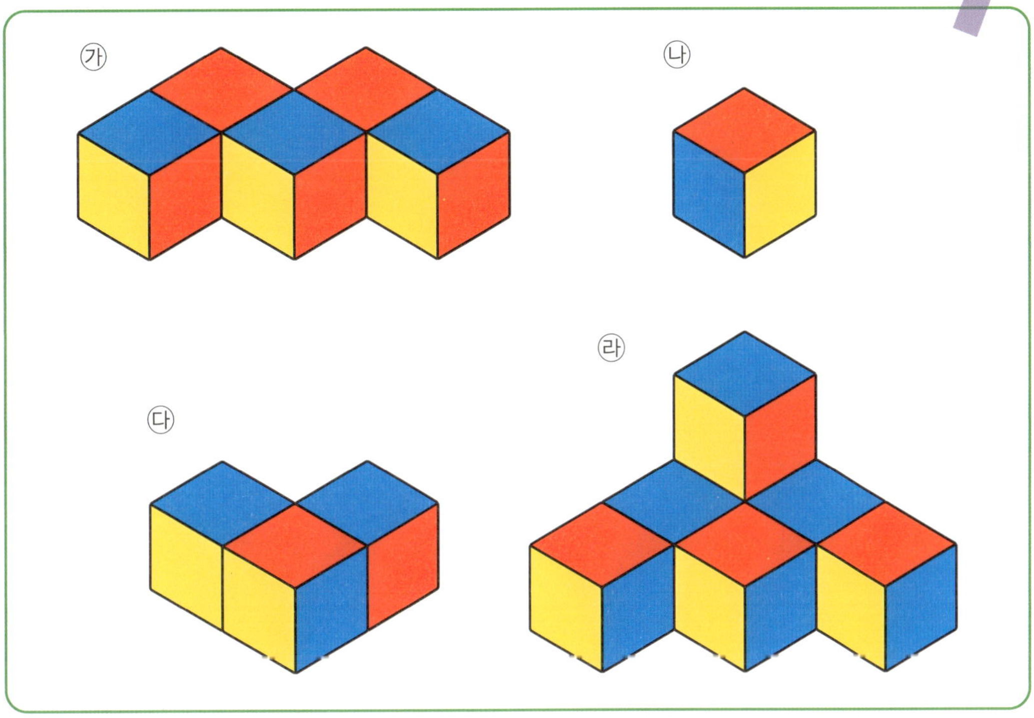

㉮, ㉯, ㉰, ㉱를 모두 사용해서 입체 모양을 만들려고 합니다. 1층을 만드는 데 사용한 모양을 모두 찾아보세요. 이때, 제시된 모양을 돌리거나 뒤집지 않고 사용합니다.

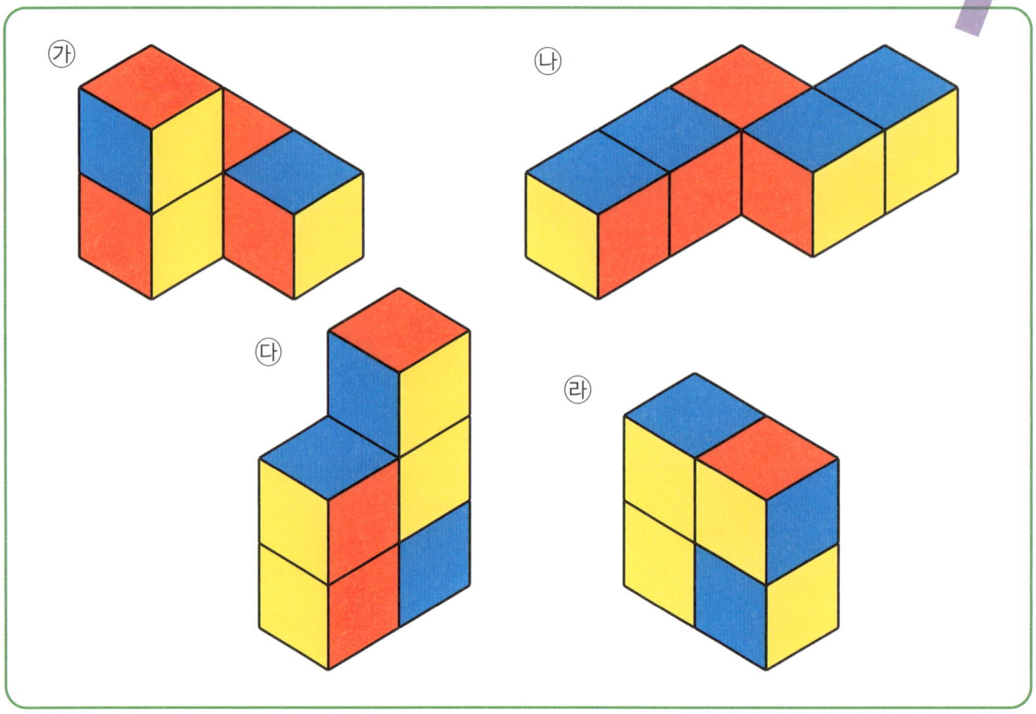

㉮, ㉯, ㉰, ㉱를 모두 사용해서 입체 모양을 만들려고 합니다. 1층을 만드는 데 사용한 모양을 모두 찾아보세요. 이때, 제시된 모양을 돌리거나 뒤집지 않고 사용합니다.

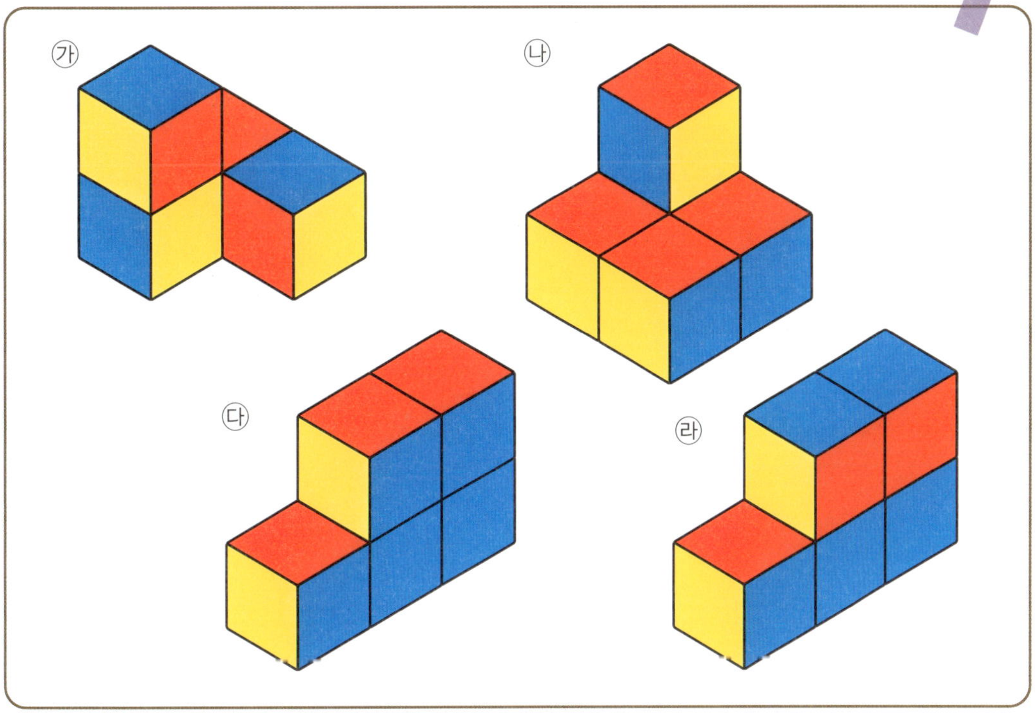

4. 3면이 보이는 큐브 1

보기와 같이 덜어낸 큐브를 표시하고, 빈칸에 알맞은 답을 쓰세요.

보기

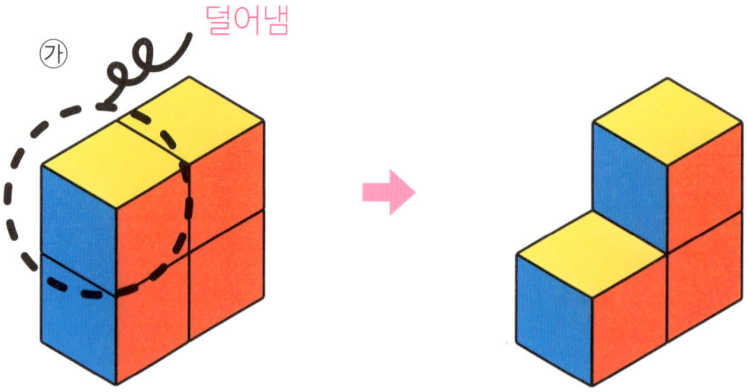

큐브 4개로 만든 ㉮ 모양에서 큐브 1 개를 덜어내면

3면이 보이는 큐브의 최대 개수는 2 개가 됩니다.

㉯

큐브 6개로 만든 ㉯ 모양에서 큐브 ______ 개를 덜어내면

3면이 보이는 큐브의 최대 개수는 ______ 개가 됩니다.

덜어낸 큐브를 표시하고, 빈칸에 알맞은 답을 쓰세요.

㉰

큐브 8개로 만든 ㉰ 모양에서 큐브 ________ 개를 덜어내면

3면이 보이는 큐브의 최대 개수는 ________ 개가 됩니다.

㉱

큐브 10개로 만든 ㉱ 모양에서 큐브 ________ 개를 덜어내면

3면이 보이는 큐브의 최대 개수는 ________ 개가 됩니다.

5. 3면이 보이는 큐브 2

덜어낸 큐브를 표시하고, 빈칸에 알맞은 답을 쓰세요.

㉤

큐브 12개로 만든 ㉤ 모양에서 큐브 ______ 개를 덜어내면

3면이 보이는 큐브의 최대 개수는 ______ 개가 됩니다.

㉥

큐브 14개로 만든 ㉥ 모양에서 큐브 ______ 개를 덜어내면

3면이 보이는 큐브의 최대 개수는 ______ 개가 됩니다.

㉶

큐브 16개로 만든 ㉶ 모양에서 큐브 ________ 개를 덜어내면

3면이 보이는 큐브의 최대 개수는 ________ 개가 됩니다.

규칙을 표로 작성해 보세요.

	㉮	㉯	㉰	㉱	㉲	㉳	㉶
덜어낸 조각 수							
3면이 보이는 큐브의 최대 개수							

다음 조건에 맞게 모양을 만들어 보세요.

조건

1. 제시된 그림은 바닥면 그림입니다.
2. 사용한 전체 큐브의 개수는 모두 10개입니다.
3. 3면이 보이는 큐브의 개수는 모두 5개입니다.
4. 입체 모양은 3층입니다.

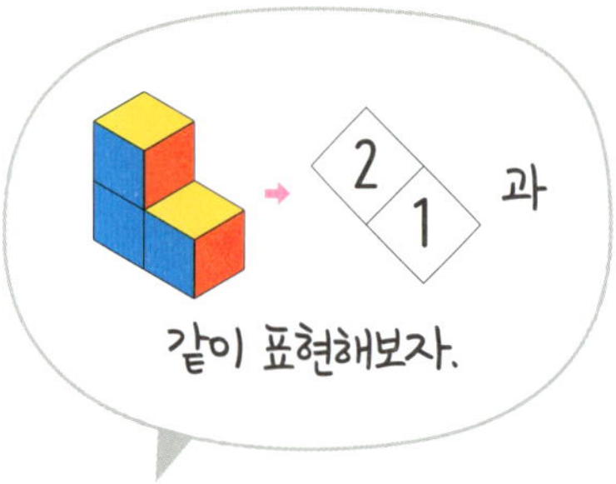

다음 조건에 맞게 모양을 만들어 보세요.

조건

1. 제시된 그림은 바닥면 그림입니다.
2. 사용한 전체 큐브의 개수는 모두 10개입니다.
3. 3면이 보이는 큐브의 개수는 모두 5개입니다.
4. 입체 모양은 3층입니다.

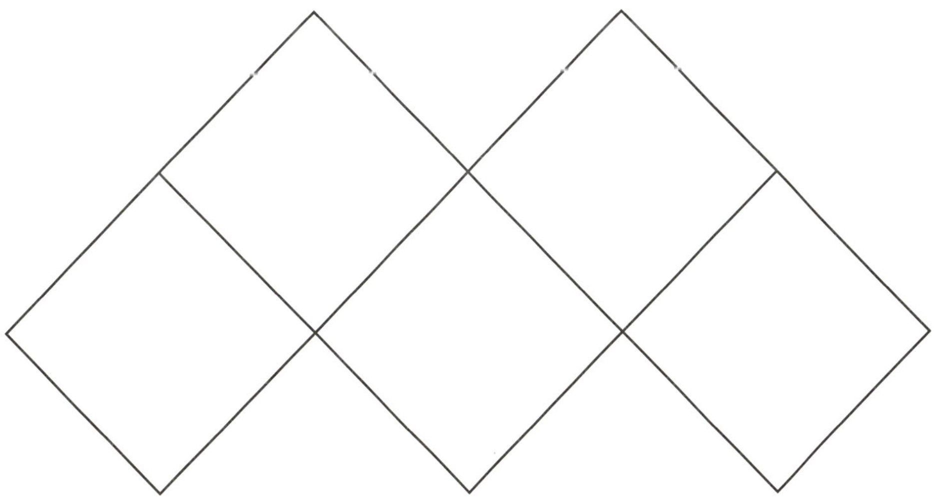

7. 조건에 맞게 입체 모양 만들기 2

다음 조건에 맞게 모양을 만들어 보세요.

조건

1. 제시된 그림은 바닥면 그림입니다.
2. 사용한 전체 큐브의 개수는 모두 12개입니다.
3. 3면이 보이는 큐브의 개수는 모두 6개입니다.
4. 입체 모양은 3층입니다.

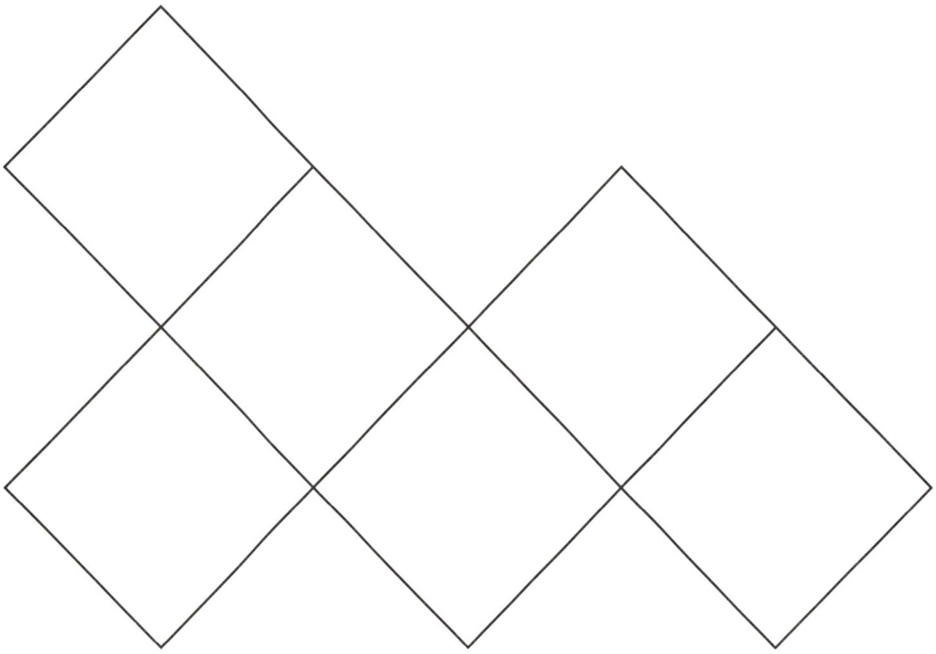

다음 조건에 맞게 모양을 만들어 보세요.

조건

1. 제시된 그림은 바닥면 그림입니다.
2. 사용한 전체 큐브의 개수는 모두 11개입니다.
3. 3면이 보이는 큐브의 개수는 모두 5개입니다.
4. 입체 모양은 3층입니다.

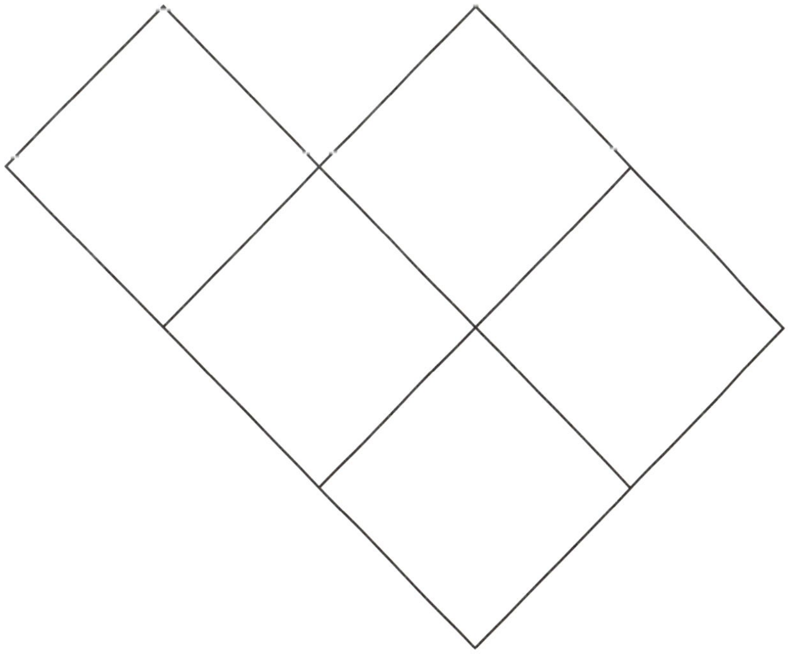

다음 보기와 같이 오른쪽과 아래쪽의 숫자는 각각 가로줄과 세로줄에 있는 큐브 윗면의 색의 개수를 나타냅니다. 그림 위에 주어진 색의 수만큼 3D큐브를 놓아보고 색칠해 보세요. 이때, 같은 색을 연속으로 놓을 수 없습니다.

보기

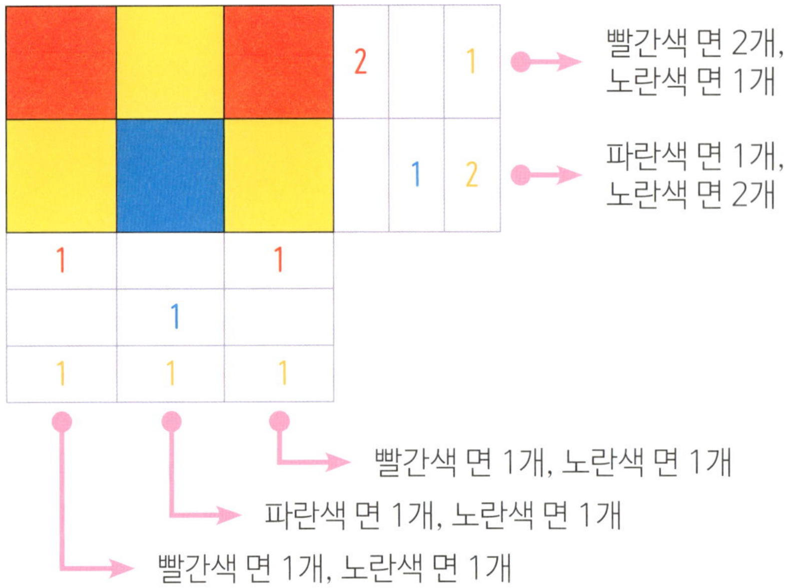

• 숫자의 순서는 색의 위치가 아니고, 빨간색, 파란색, 노란색 면의 개수를 나타낸 것입니다.

				2	1	1
				1	2	1
				2	1	1
2		1	2			
1	2		1			
	1	2				

그림 위에 주어진 색의 수만큼 3D큐브를 놓아보고 색칠해 보세요. 이때, 같은 색을 연속으로 놓을 수 없습니다.

				1	2	1
				2	1	1
				2	1	1
				1	2	1
2	1	1	2			
1	2	2	1			
1	1	1	1			

그림 위에 주어진 색의 수만큼 3D큐브를 놓아보고 색칠해 보세요. 이때, 같은 색을 연속으로 놓을 수 없습니다.

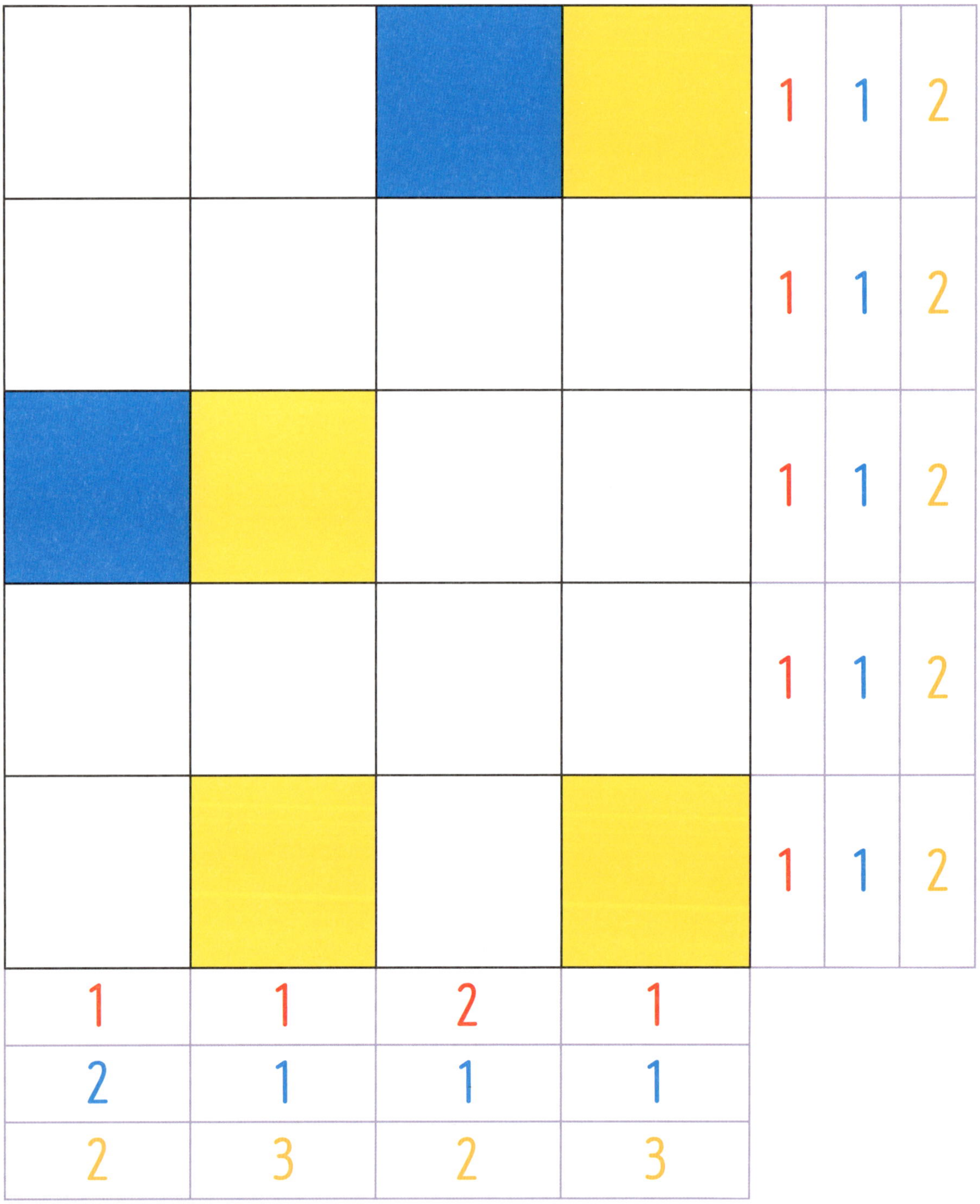

그림 위에 주어진 색의 수만큼 3D큐브를 놓아보고 색칠해 보세요. 이때, 같은 색을 연속으로 놓을 수 없습니다.

				1	2	1
				2	1	1
				2	1	1
				1	2	1
				1	1	2
2	2	1	2			
1	2	2	2			
2	1	2	1			

10. 위, 앞, 옆에서 본 모양 1

도형

3D큐브 7개를 사용하여 다음 모양을 만들었습니다. 위, 앞, 옆에서 본 모양을 그리고 주어진 물음에 답해보세요.

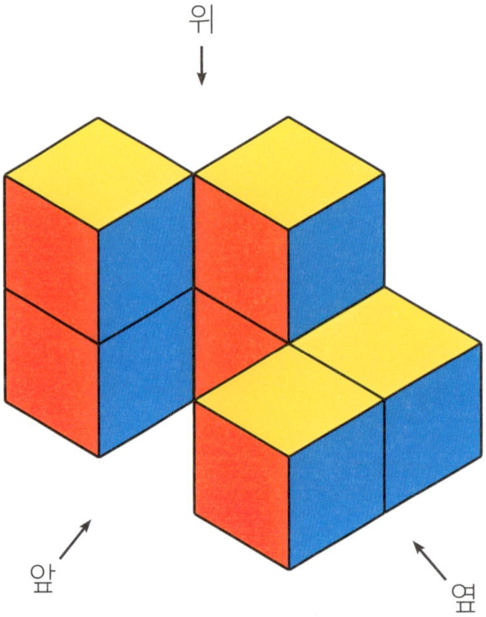

1	2	1
2		1

위에서 본 모양

앞에서 본 모양

옆에서 본 모양

위, 앞, 옆에서 본 모양이 변하지 않고 놓을 수 있는 큐브는 최대 몇 개인가요?

3D큐브 8개를 사용하여 다음 모양을 만들었습니다. 위, 앞, 옆에서 본 모양을 그리고 주어진 물음에 답해보세요.

3	2	
2	1	

위에서 본 모양

앞에서 본 모양

옆에서 본 모양

위, 앞, 옆에서 본 모양이 변하지 않고 놓을 수 있는 큐브는 최대 몇 개인가요?

11. 위, 앞, 옆에서 본 모양 2

도형

3D큐브 9개를 사용하여 다음 모양을 만들었습니다. 위, 앞, 옆에서 본 모양을 그리고 주어진 물음에 답해보세요.

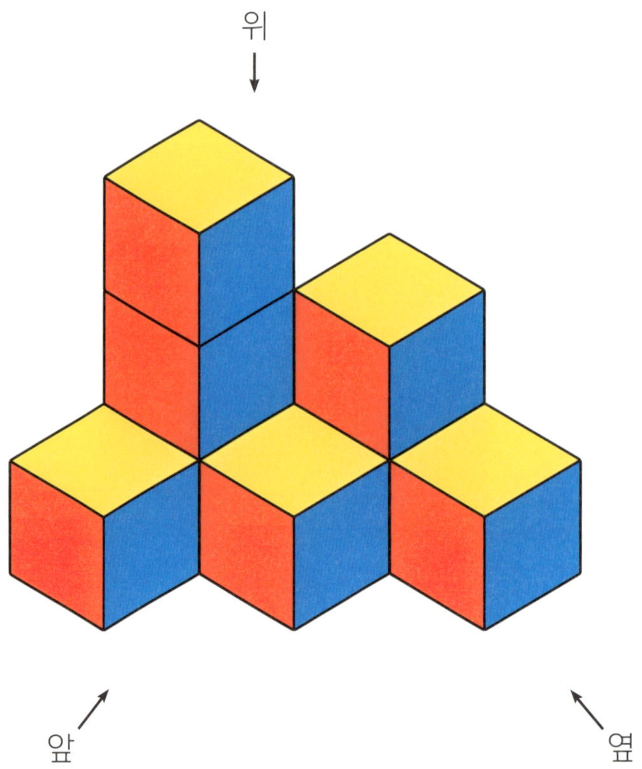

1	2	1
3	1	
1		

위에서 본 모양

앞에서 본 모양

옆에서 본 모양

위, 앞, 옆에서 본 모양이 변하지 않고 놓을 수 있는 큐브는 최대 몇 개인가요?

3D큐브 12개를 사용하여 다음 모양을 만들었습니다. 위, 앞, 옆에서 본 모양을 그리고 주어진 물음에 답해보세요.

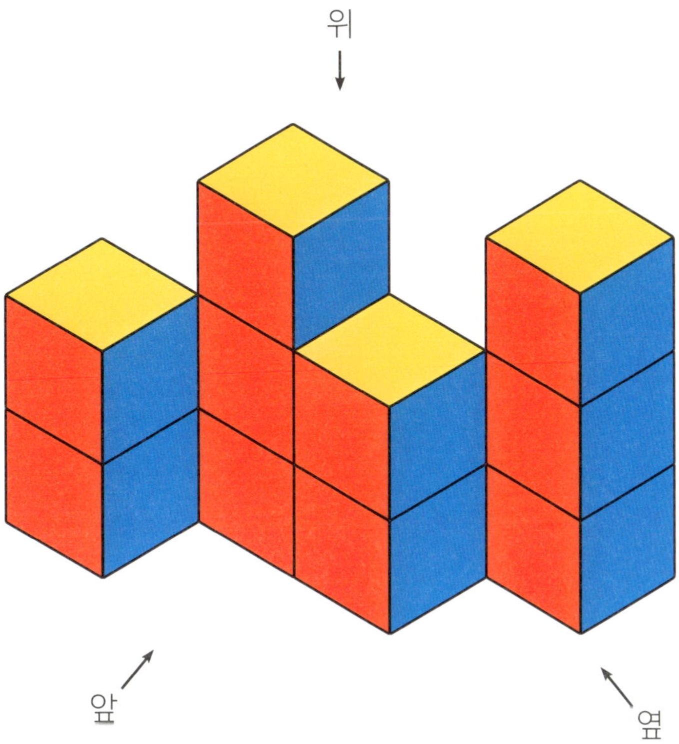

		1	3
1	3	2	
2			

위에서 본 모양

앞에서 본 모양

옆에서 본 모양

위, 앞, 옆에서 본 모양이 변하지 않고 놓을 수 있는 큐브는 최대 몇 개인가요?

12. 변하지 않고 덜어낼 수 있는 큐브 찾기 1

위, 앞, 옆에서 본 모양을 보고 주어진 물음에 답하세요.

위에서 본 모양

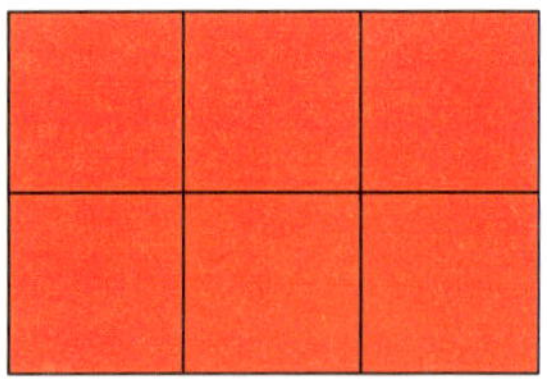
앞에서 본 모양

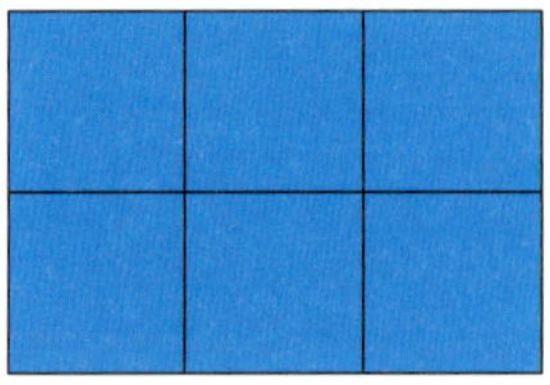
옆에서 본 모양

1) 큐브 10개를 사용해서 만들어 보세요.

2) 위, 앞, 옆에서 본 모양이 변하지 않고 덜어낼 수 있는 큐브는 최대 몇 개인가요?

위, 앞, 옆에서 본 모양을 보고 주어진 물음에 답하세요.

위에서 본 모양

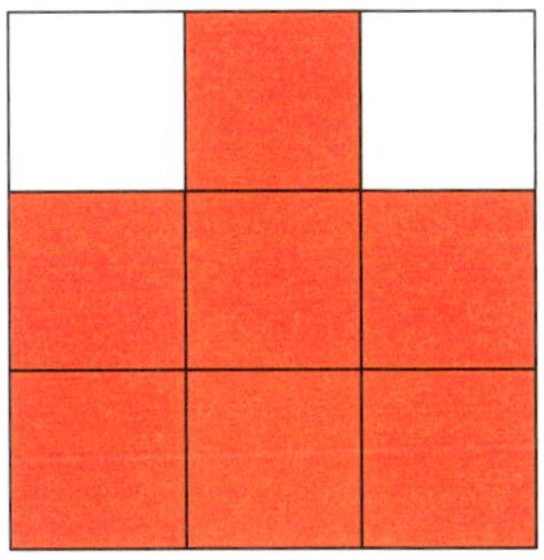
앞에서 본 모양

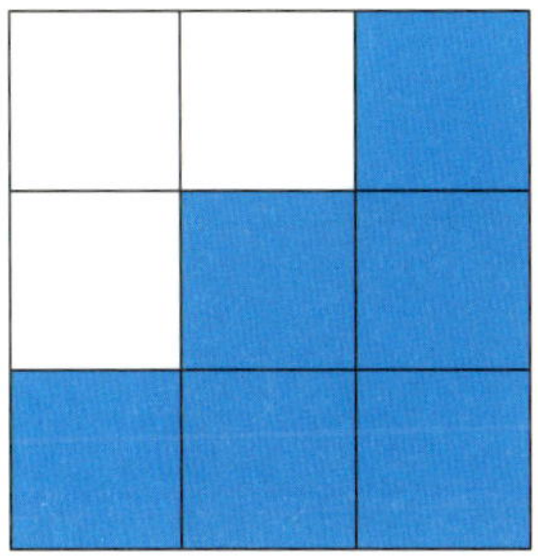
옆에서 본 모양

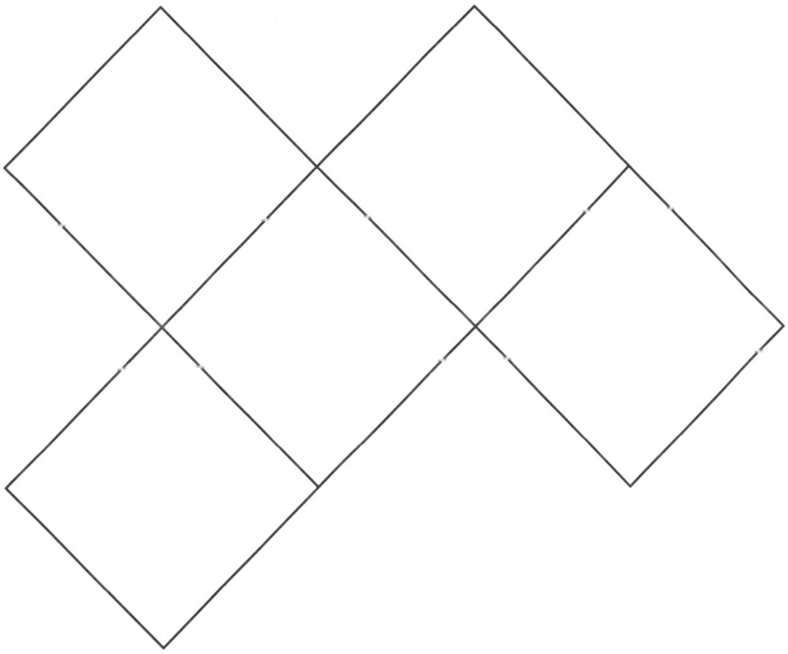

1) 3D큐브 10개를 사용해서 만들어 보세요.

2) 위, 앞, 옆에서 본 모양이 변하지 않고 덜어낼 수 있는 큐브는 최대 몇 개인가요?

13. 변하지 않고 덜어낼 수 있는 큐브 찾기 2

도형

위, 앞, 옆에서 본 모양을 보고 주어진 물음에 답하세요.

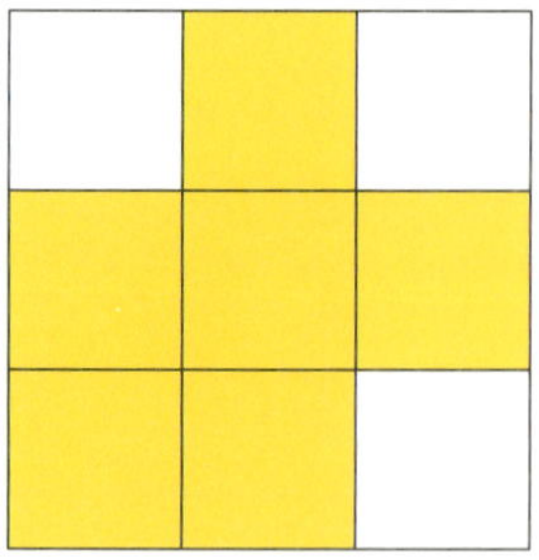

위에서 본 모양

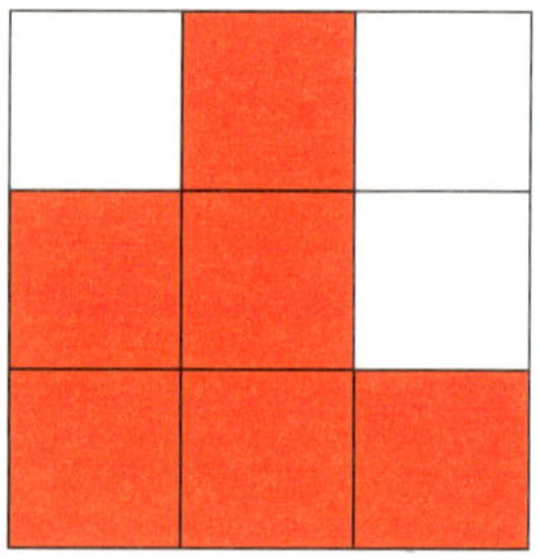

앞에서 본 모양

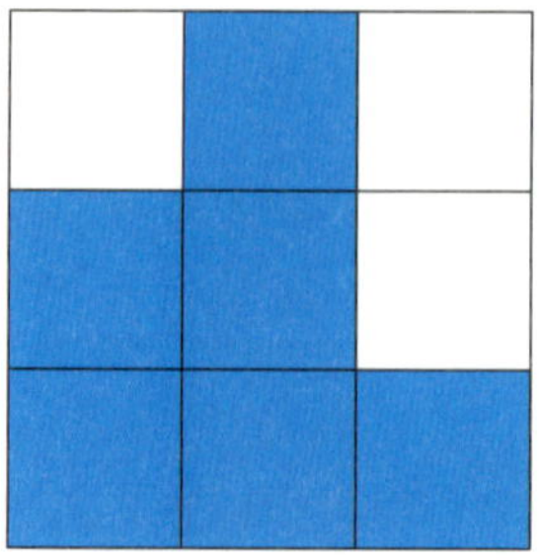

옆에서 본 모양

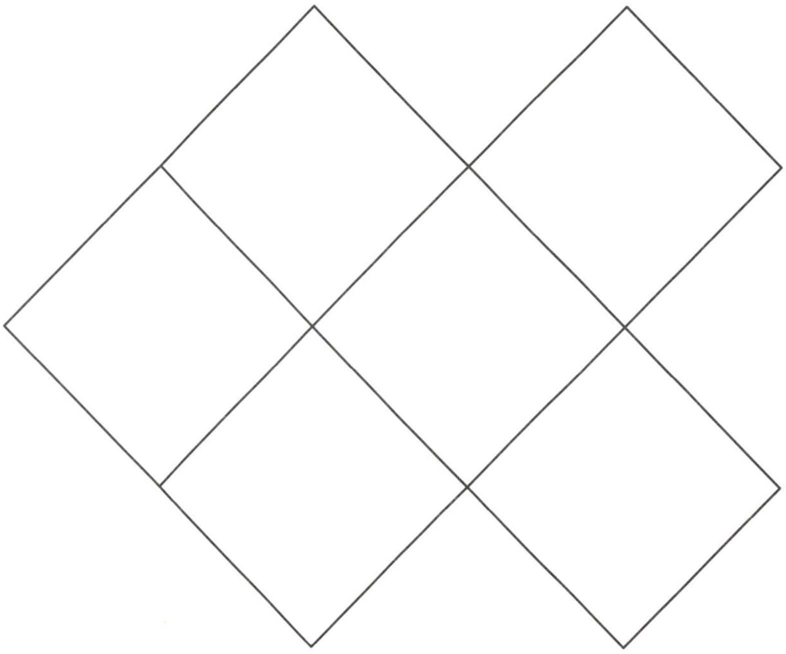

1) 3D큐브 10개를 사용해서 만들어 보세요.

2) 위, 앞, 옆에서 본 모양이 변하지 않고 덜어낼 수 있는 큐브는 최대 몇 개인가요?

위, 앞, 옆에서 본 모양을 보고 주어진 물음에 답하세요.

위에서 본 모양

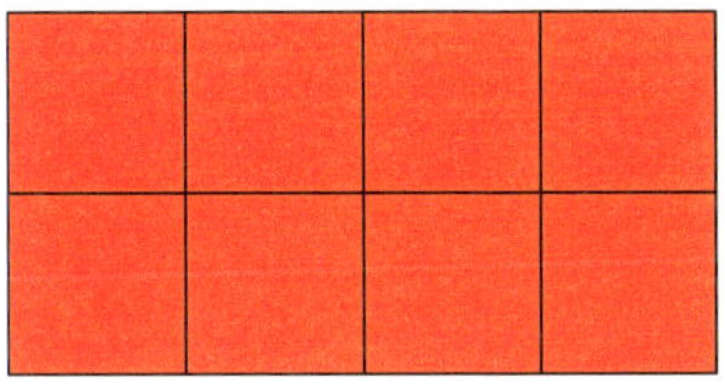
앞에서 본 모양

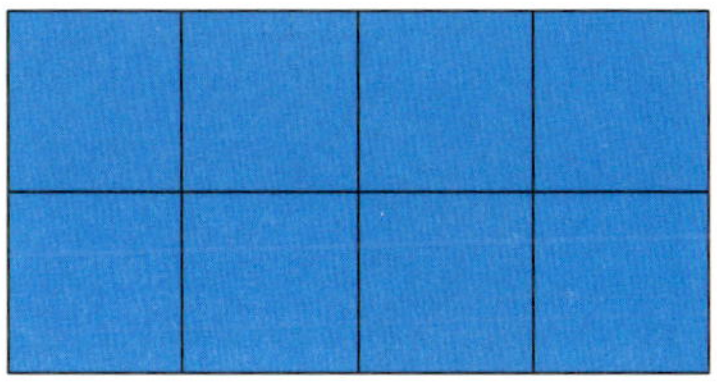
옆에서 본 모양

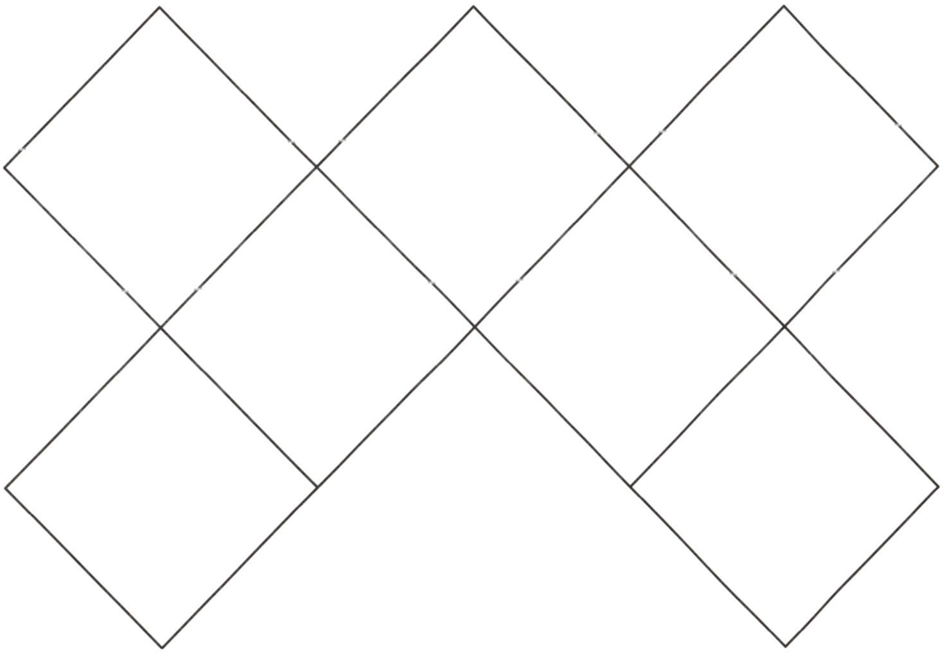

1) 3D큐브 14개를 사용해서 만들어 보세요.

2) 위, 앞, 옆에서 본 모양이 변하지 않고 덜어낼 수 있는 큐브는 최대 몇 개인가요?

14. 변하지 않고 덜어낼 수 있는 큐브 찾기 3

측정

위, 앞, 옆에서 본 모양을 보고 주어진 물음에 답하세요.

위에서 본 모양

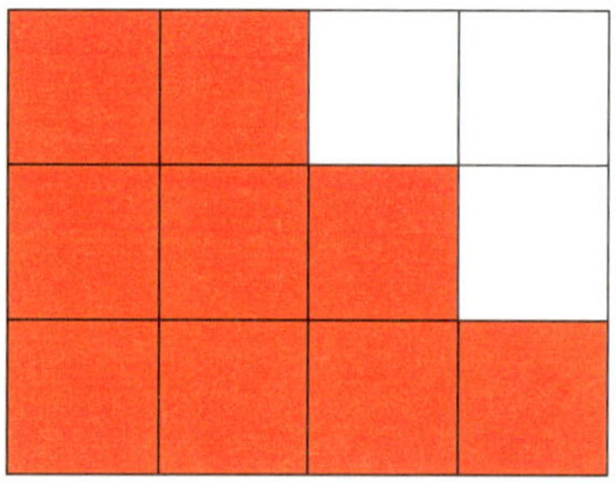

앞에서 본 모양

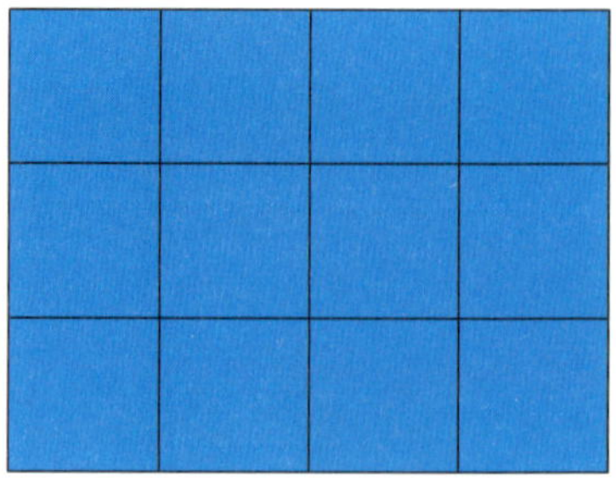

옆에서 본 모양

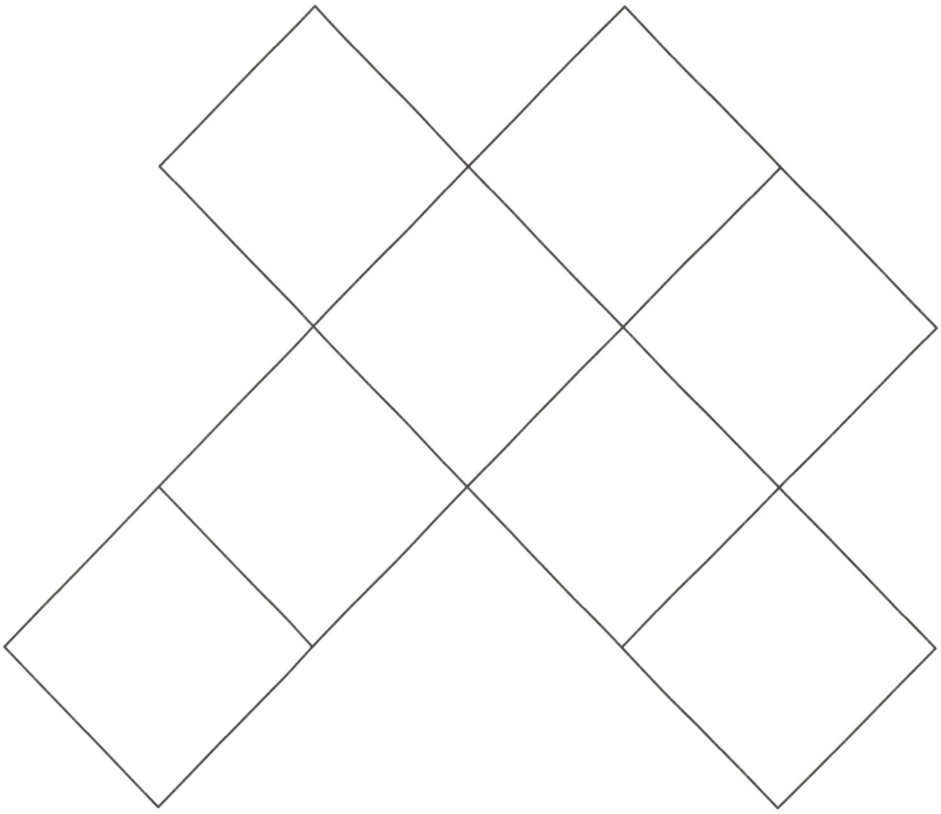

1) 큐브 19개를 사용해서 만들어 보세요.

2) 위, 앞, 옆에서 본 모양이 변하지 않고 덜어낼 수 있는 조각은 최대 몇 개인가요?

위, 앞, 옆에서 본 모양을 보고 주어진 물음에 답하세요.

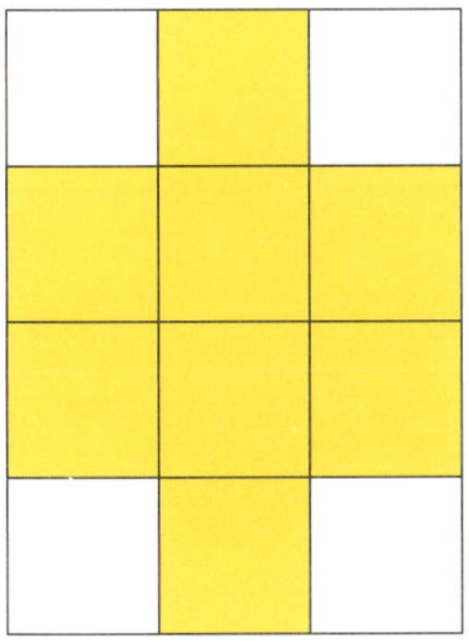

위에서 본 모양

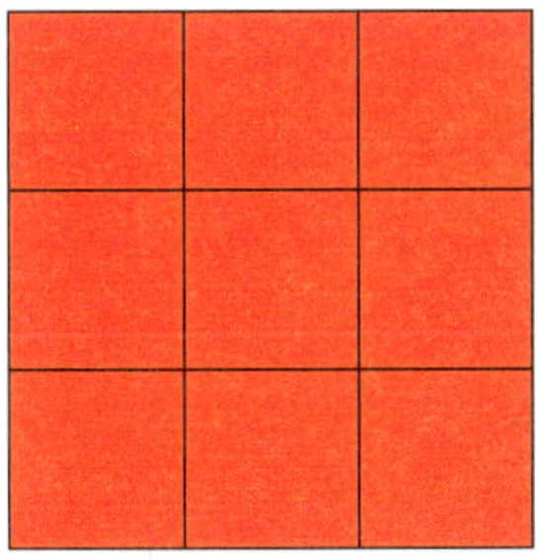

앞에서 본 모양

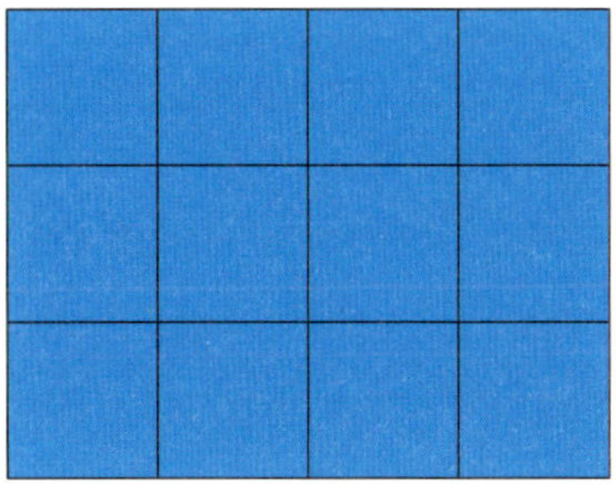

옆에서 본 모양

1) 큐브 20개를 사용해서 만들어 보세요.

2) 위, 앞, 옆에서 본 모양이 변하지 않고 덜어낼 수 있는 조각은 최대 몇 개인가요?

그림과 같이 큐브를 쌓아보고 겉면에 보이는 색의 개수를 세어보세요. 이때, 같은 색 면끼리 붙여야 합니다.(단, 보이지 않는 곳에는 큐브가 없다고 생각합니다.)

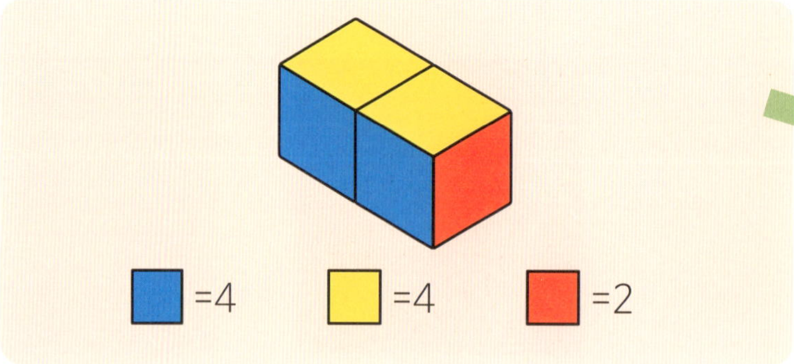

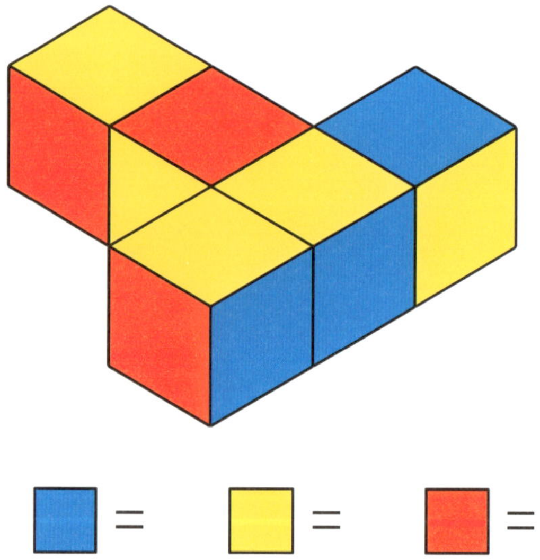

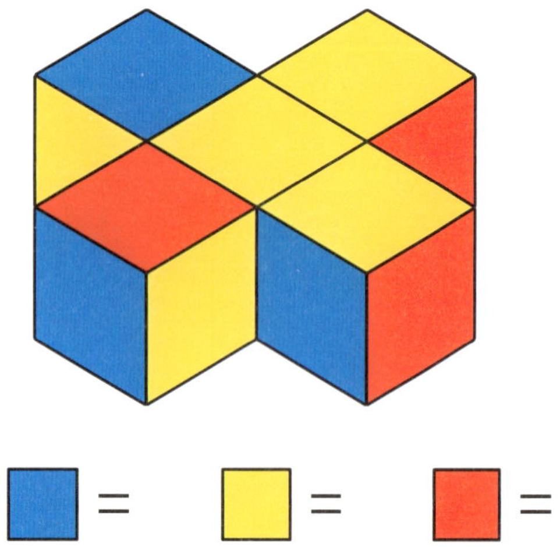

그림과 같이 큐브를 쌓아보고 겉면에 보이는 색의 개수를 세어보세요. 이때, 같은 색 면끼리 붙여야 합니다. (단, 보이지 않는 곳에는 큐브가 없다고 생각합니다.)

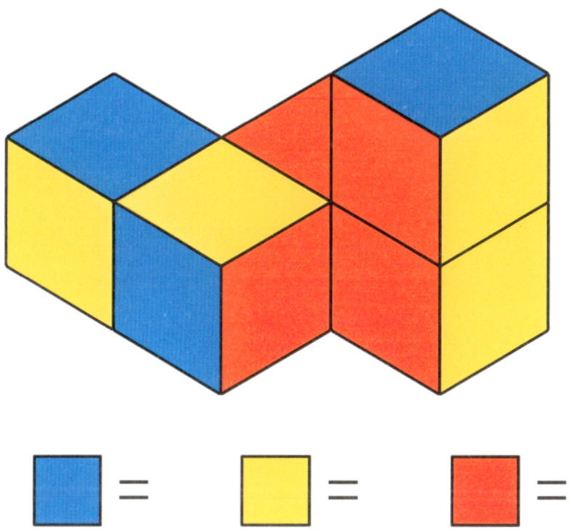

16. 조건에 맞게 입체 모양 만들기 3

도형

다음 조건에 맞게 입체 모양을 만들어 보세요.

조건

1. 제시된 그림은 바닥면의 그림입니다.
2. 사용한 전체 큐브의 개수는 모두 16개입니다.
3. 3면이 보이는 큐브의 개수는 모두 7개입니다.
4. 입체 모양은 4층입니다.
5. 선대칭모양으로 쌓여 있습니다.

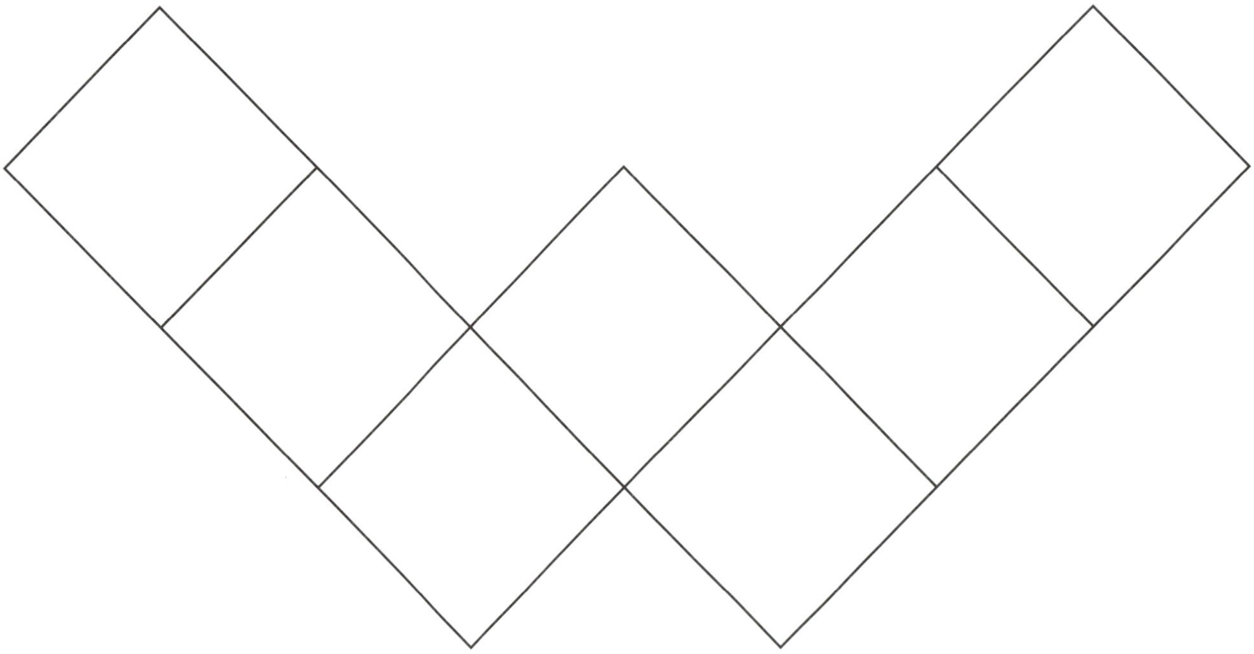

다음 조건에 맞게 입체 모양을 만들어 보세요.

조건

1. 제시된 그림은 바닥면의 그림입니다.
2. 사용한 전체 큐브의 개수는 모두 20개입니다.
3. 3면이 보이는 큐브의 개수는 모두 7개입니다.
4. 입체 모양은 4층입니다.
5. 선대칭모양으로 쌓여 있습니다.

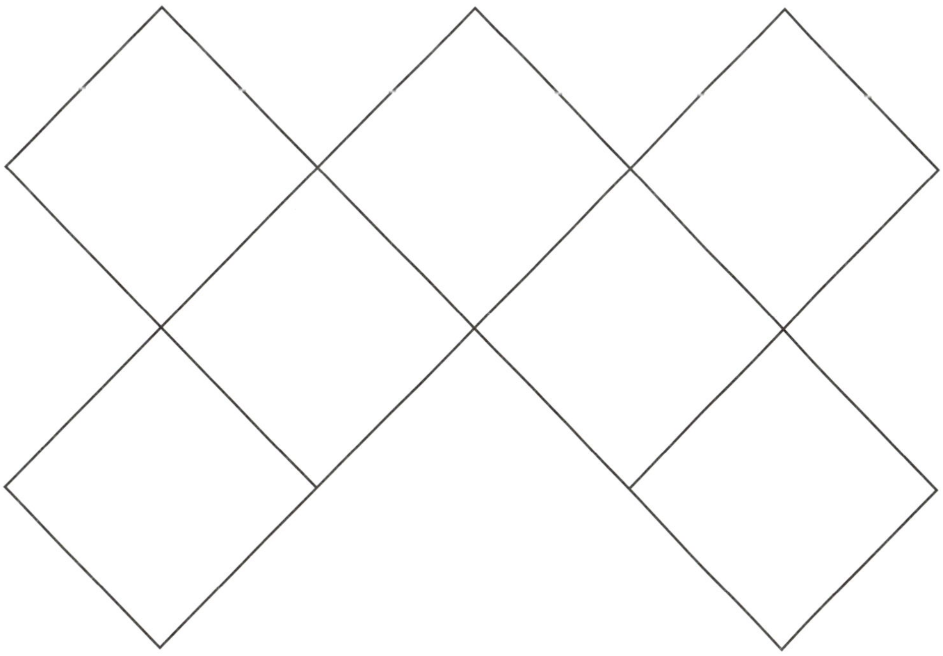

입체 모양 그림을 보고 투시도를 그려보세요.

보기

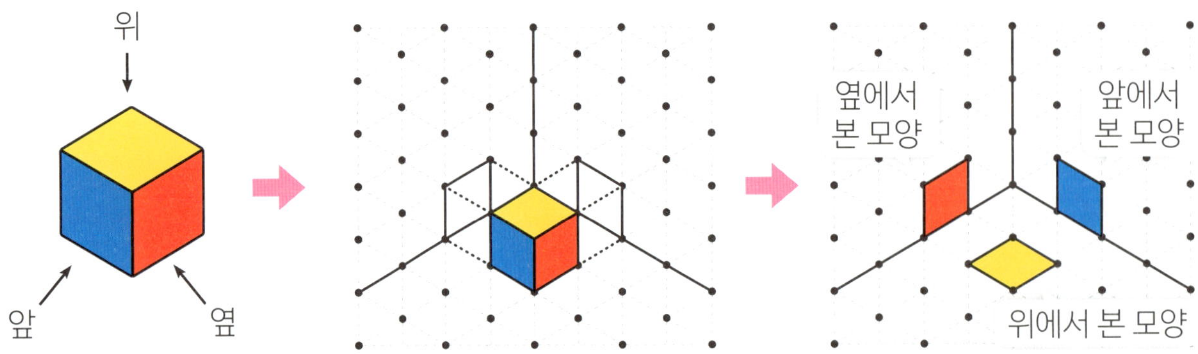

투시도

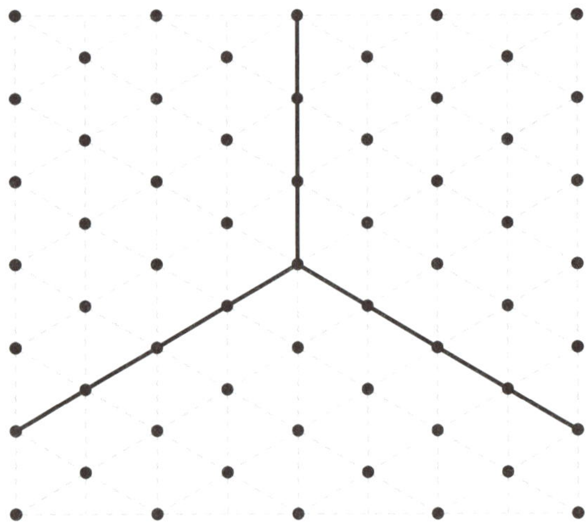

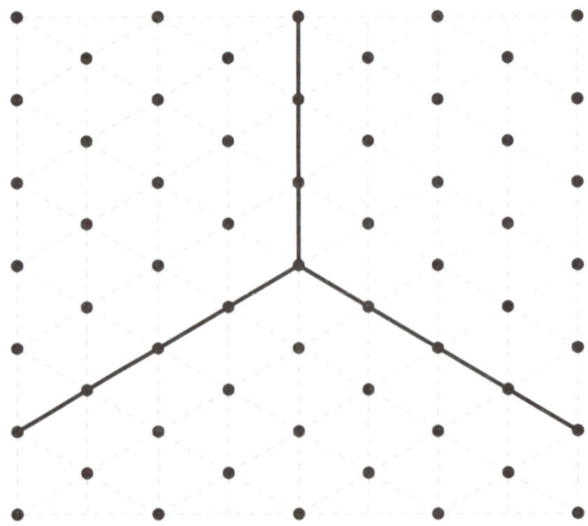

입체 모양 그림을 보고 투시도를 그려보세요.

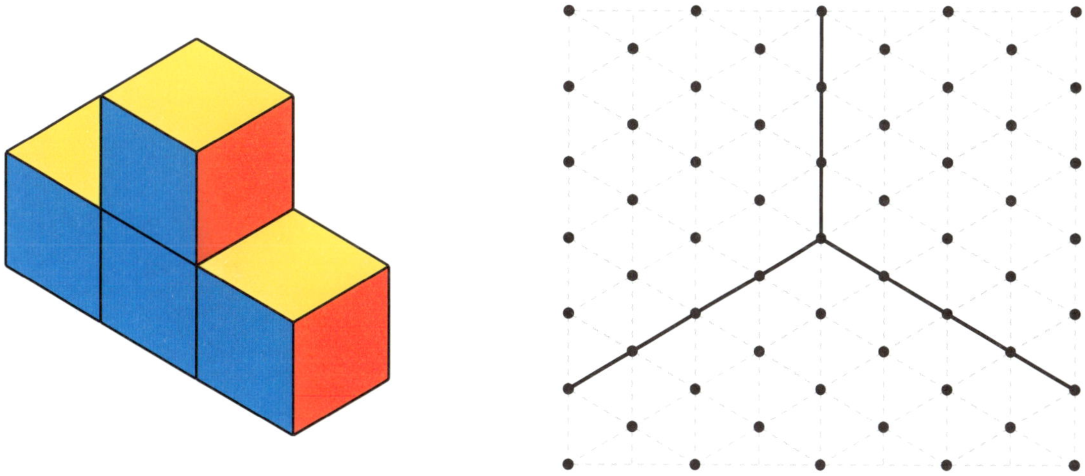

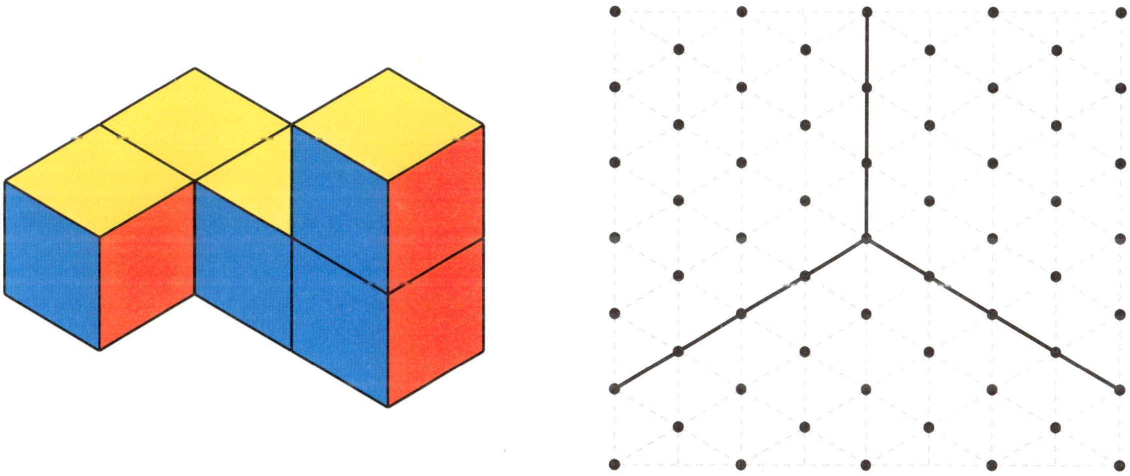

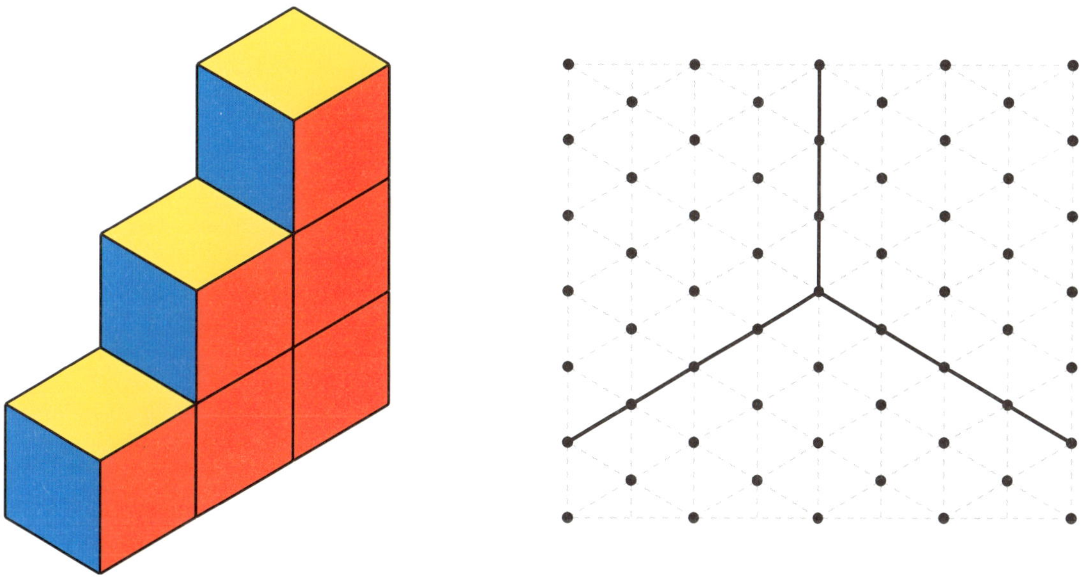

18. 투시도보고 입체 모양 찾기

도형

다음 투시도를 보고 알맞은 입체 모양을 찾아 선으로 연결해 보세요.

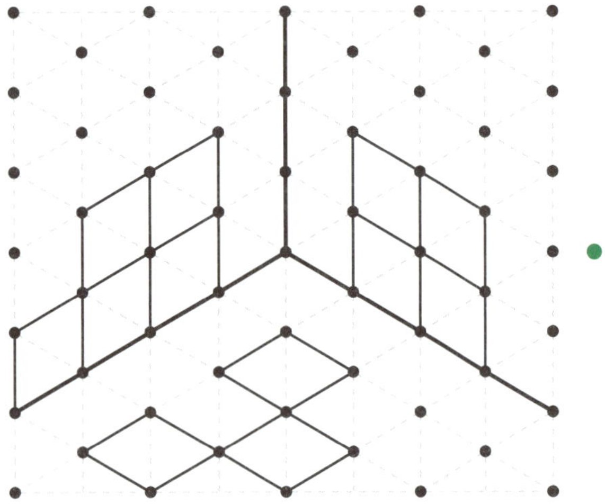

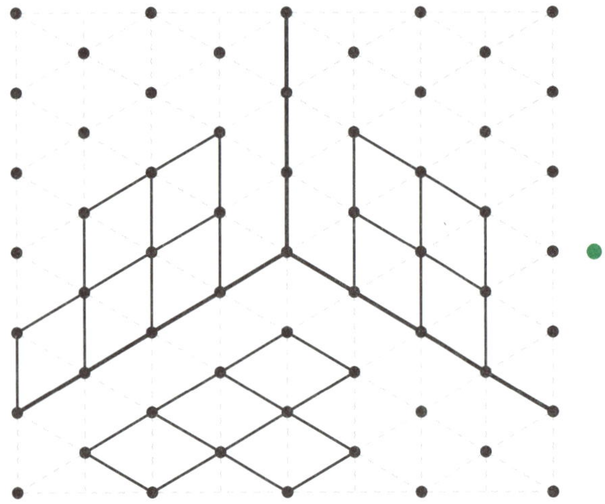

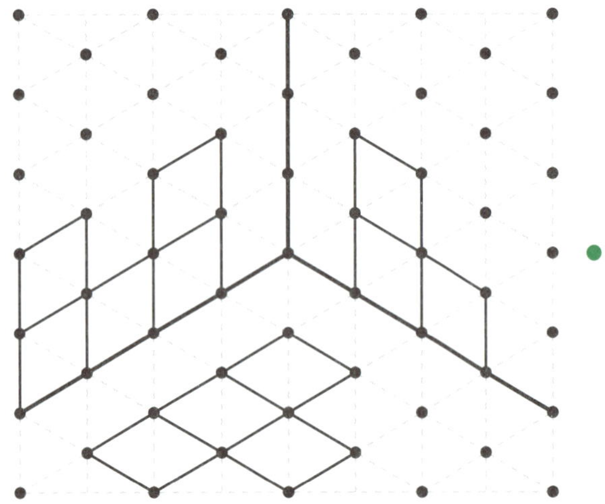

다음 투시도를 보고 알맞은 입체 모양을 찾아 선으로 연결해 보세요.

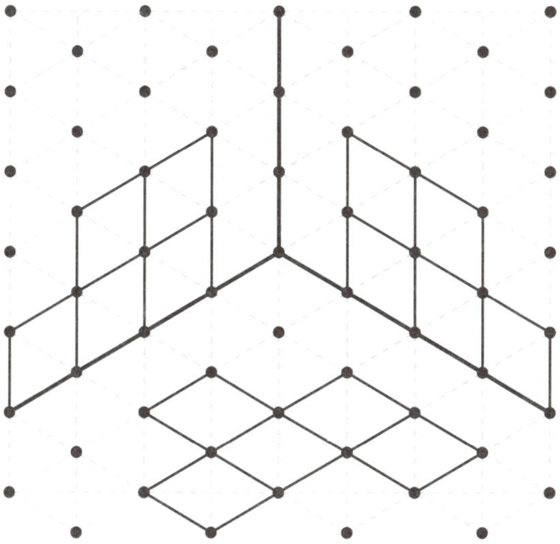

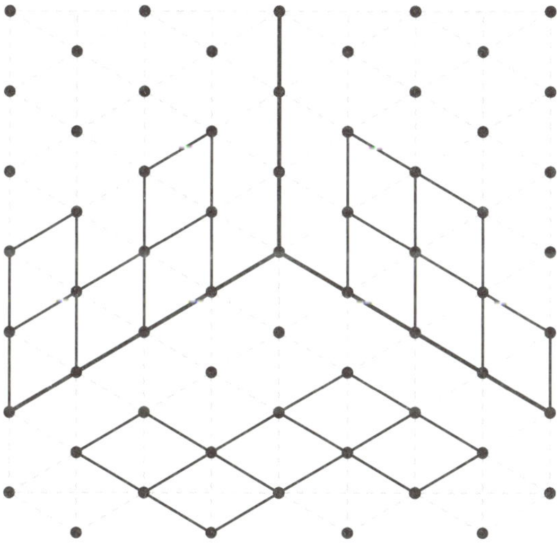

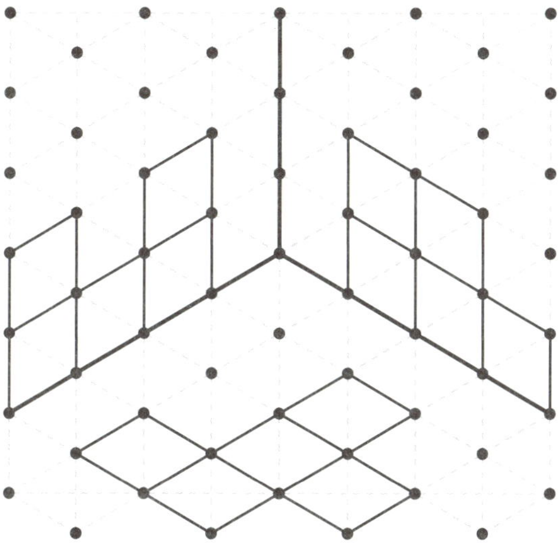

제시된 큐브를 모두 사용하여 입체 모양을 만들려고 합니다. 최대로 숨길 수 있는 큐브의 위치를 찾아 큐브의 개수를 써보세요.

큐브 3개

〈앞쪽에서 본 모양〉

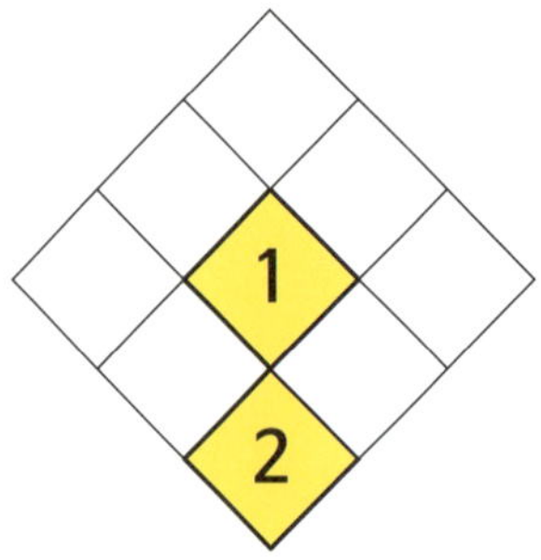

〈바닥면 모양〉

〈뒤쪽에서 본 모양〉

큐브 4개

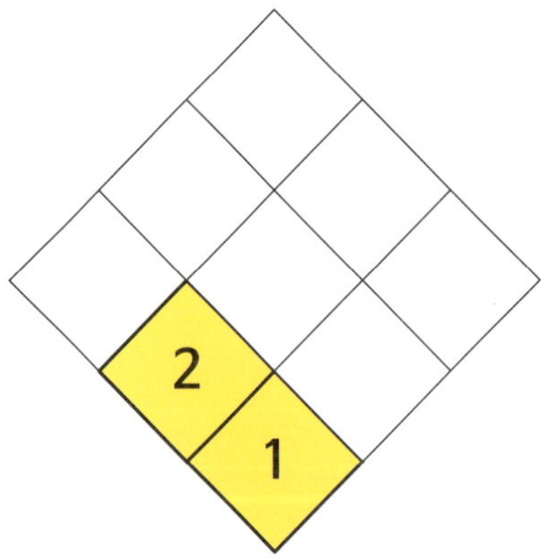

〈바닥면 모양〉

큐브 6개

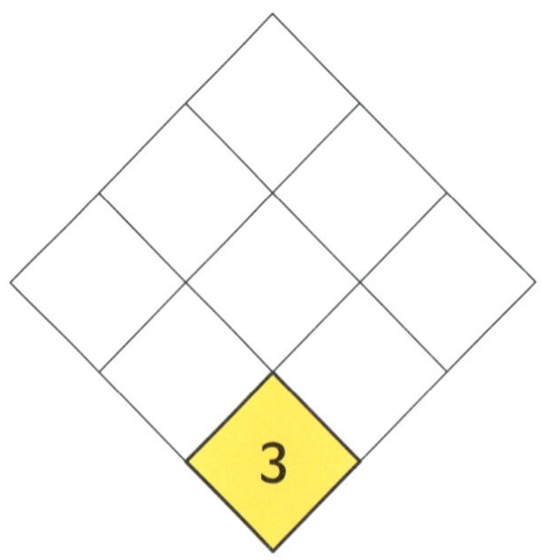

〈바닥면 모양〉

큐브 6개

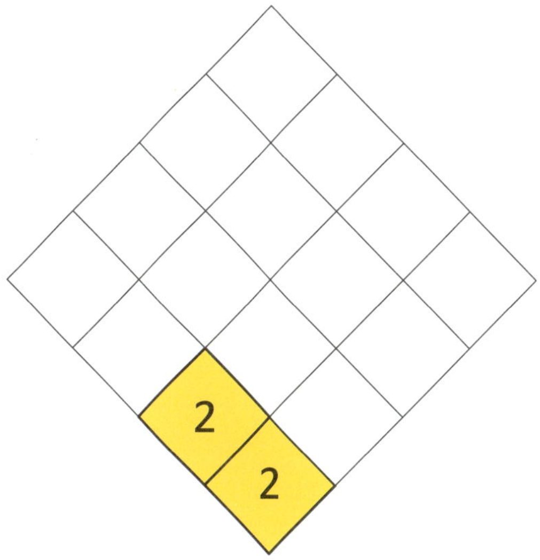

〈바닥면 모양〉

큐브 9개

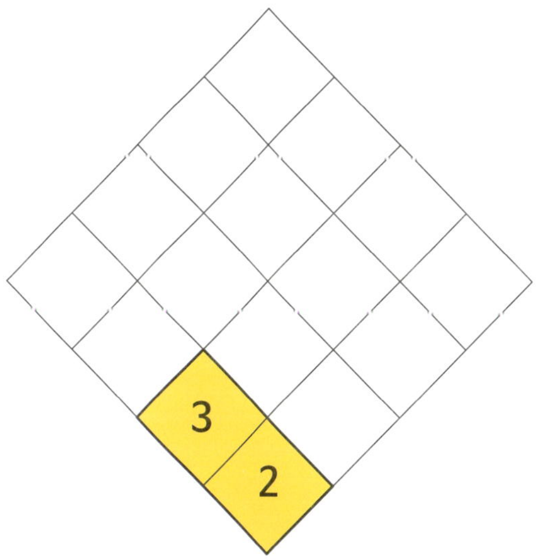

〈바닥면 모양〉

큐브 12개

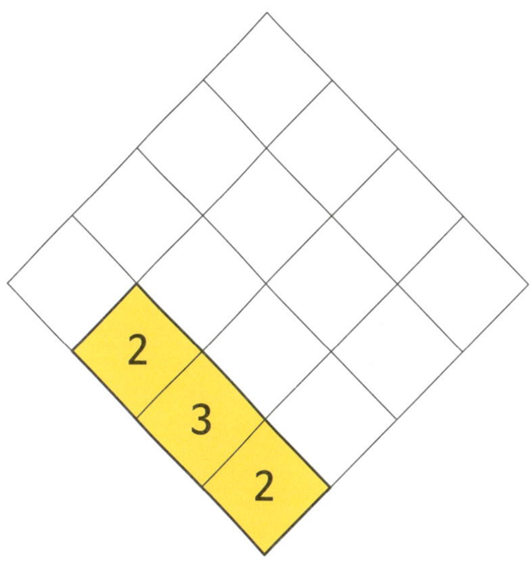

〈바닥면 모양〉

20. 숨어 있는 큐브 2

다음 모양을 3D큐브로 만들 때 최대, 최소 개수를 구해보세요.

최소 개수 : 4개
최대 개수 : 5개

최소 개수 : ______ 개
최대 개수 : ______ 개

최소 개수 : ______ 개
최대 개수 : ______ 개

최소 개수 : ______ 개
최대 개수 : ______ 개

최소 개수 : ______ 개
최대 개수 : ______ 개

최소 개수 : ________ 개

최대 개수 : ________ 개

최소 개수 : ________ 개

최대 개수 : ________ 개

최소 개수 : ________ 개

최대 개수 : ________ 개

최소 개수 : ________ 개

최대 개수 : ________ 개

티칭 가이드 등각투시도 관점에서는 2층 뒤에는 최대 1개, 3층 뒤에는 최대 3개의 큐브를 숨길 수 있습니다. 또한 2층, 3층이 만나는 곳 뒤에도 큐브를 숨길 수 있습니다.

정답 제시된 방법 외에 다양한 답이 나올 수 있습니다.

p.6

1. 3D큐브 익히기

도형

그림처럼 윗면에 빨간색, 파란색, 노란색이 오도록 큐브를 놓았을 때 옆면에 어떤 색이 오는지 알아보세요.

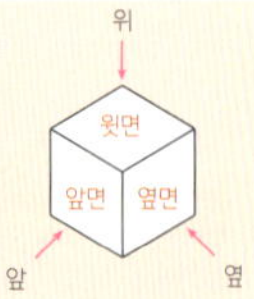

위 방향에서 보았을 때, 보이는 면을 윗면
앞 방향에서 보았을 때, 보이는 면을 앞면
옆 방향에서 보았을 때, 보이는 면을 옆면이라고 약속합니다.

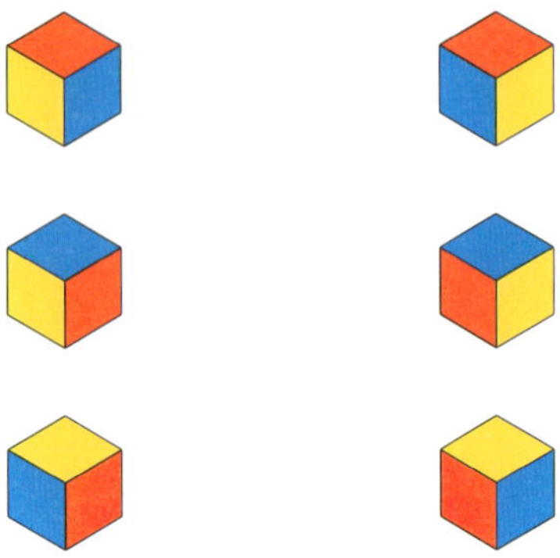

3D큐브에는 몇 가지 색이 있나요? 3가지

p.7

교구탐색

3D큐브의 모양을 다음과 같이 약속합니다. 바닥면 위에 해당 면을 올려놓고 ○안에 알맞은 색을 칠해보세요.

티칭 가이드 3D큐브에서 마주보는 면의 색이 같음을 알 수 있습니다.

p.8

2. 3D큐브로 모양 만들기 1

도형

㉮, ㉯, ㉰, ㉱를 모두 사용해서 입체 모양을 만들려고 합니다. 1층을 만드는 데 사용한 모양을 모두 찾아보세요. 이때, 제시된 모양을 돌리거나 뒤집지 않고 사용합니다.

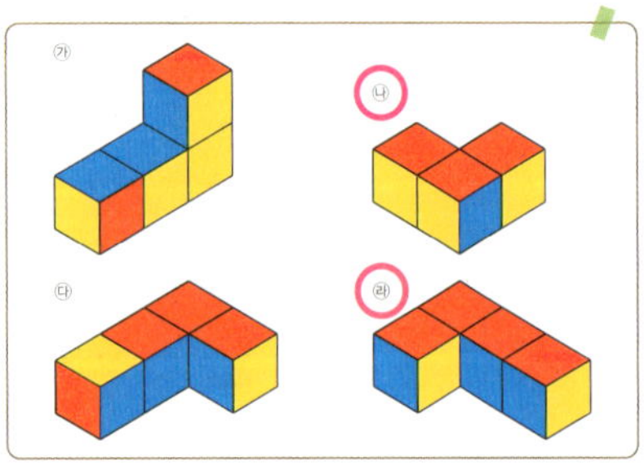

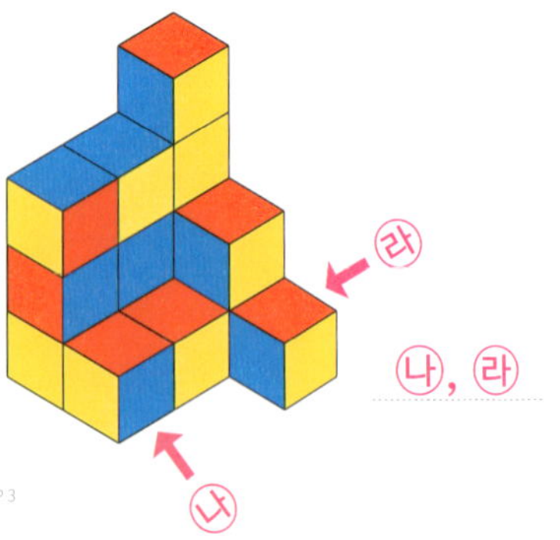

㉯, ㉱

p.9

모양 만들기

㉮, ㉯, ㉰, ㉱를 모두 사용해서 입체 모양을 만들려고 합니다. 1층을 만드는 데 사용한 모양을 모두 찾아보세요. 이때, 제시된 모양을 돌리거나 뒤집지 않고 사용합니다.

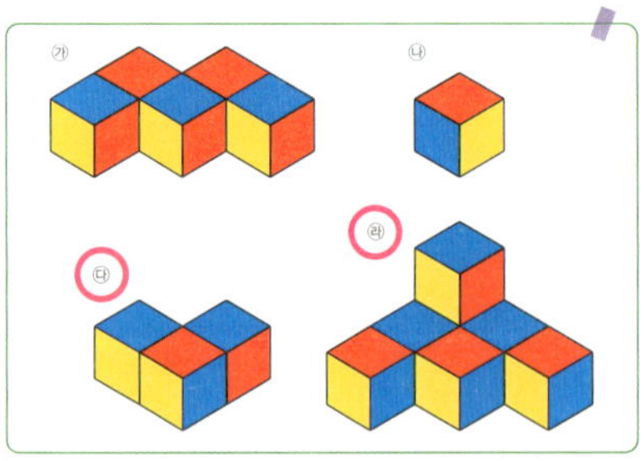

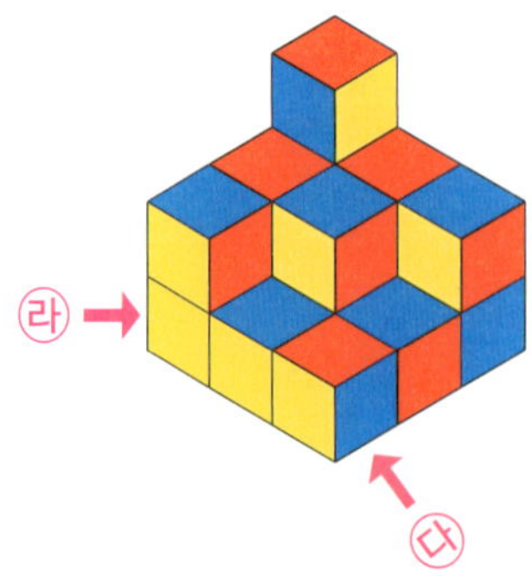

㉰, ㉱

제시된 방법 외에 다양한 답이 나올 수 있습니다.

p.10

3. 3D큐브로 모양 만들기 2

도형

㉮, ㉯, ㉰, ㉱를 모두 사용해서 입체 모양을 만들려고 합니다. 1층을 만드는 데 사용한 모양을 모두 찾아보세요. 이때, 제시된 모양을 돌리거나 뒤집지 않고 사용합니다.

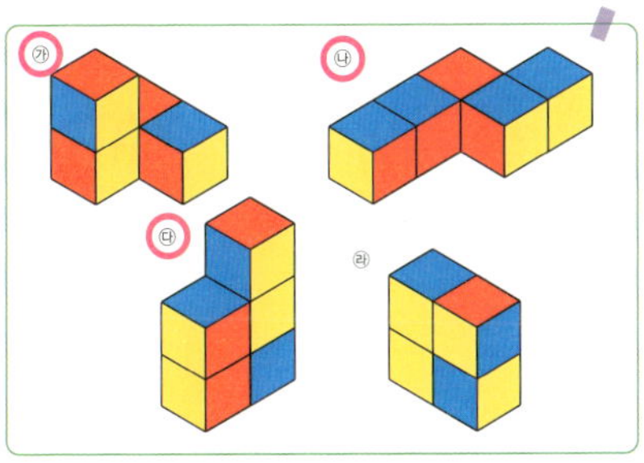

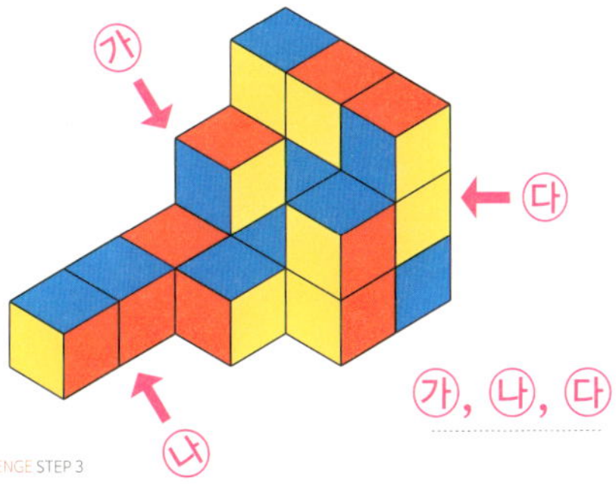

㉮, ㉯, ㉰

p.11

모양 만들기

㉮, ㉯, ㉰, ㉱를 모두 사용해서 입체 모양을 만들려고 합니다. 1층을 만드는 데 사용한 모양을 모두 찾아보세요. 이때, 제시된 모양을 돌리거나 뒤집지 않고 사용합니다.

㉯, ㉰, ㉱

p.12

4. 3면이 보이는 큐브 1

규칙성

보기와 같이 덜어낸 큐브를 표시하고, 빈칸에 알맞은 답을 쓰세요.

보기

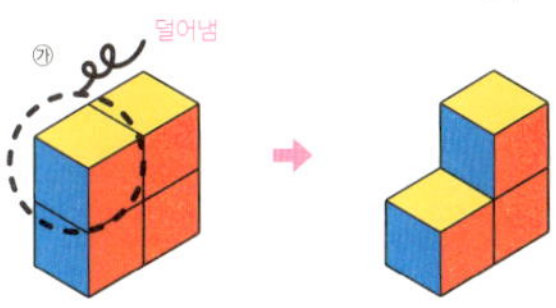

큐브 4개로 만든 ㉮ 모양에서 큐브 1 개를 덜어내면

3면이 보이는 큐브의 최대 개수는 2 개가 됩니다.

㉯

큐브 6개로 만든 ㉯ 모양에서 큐브 2 개를 덜어내면

3면이 보이는 큐브의 최대 개수는 3 개가 됩니다.

p.13

3면이 보이는 큐브

덜어낸 큐브를 표시하고, 빈칸에 알맞은 답을 쓰세요.

㉰

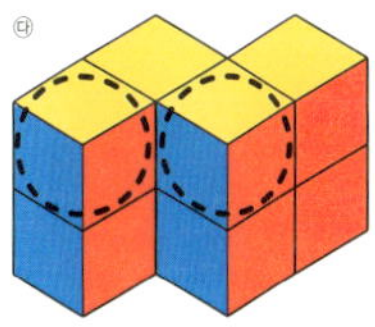

큐브 8개로 만든 ㉰ 모양에서 큐브 2 개를 덜어내면

3면이 보이는 큐브의 최대 개수는 4 개가 됩니다.

㉱

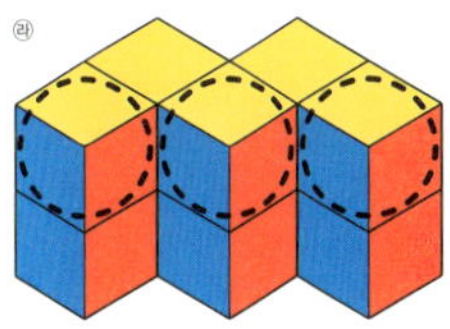

큐브 10개로 만든 ㉱ 모양에서 큐브 3 개를 덜어내면

3면이 보이는 큐브의 최대 개수는 5 개가 됩니다.

정답 제시된 방법 외에 다양한 답이 나올 수 있습니다.

p.14

5. 3면이 보이는 큐브 2

규칙성

덜어낸 큐브를 표시하고, 빈칸에 알맞은 답을 쓰세요.

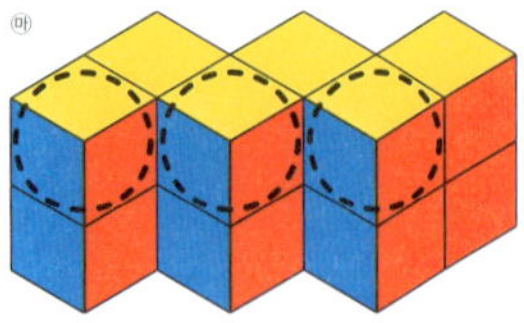

큐브 12개로 만든 ㉲ 모양에서 큐브 3 개를 덜어내면

3면이 보이는 큐브의 최대 개수는 6 개가 됩니다.

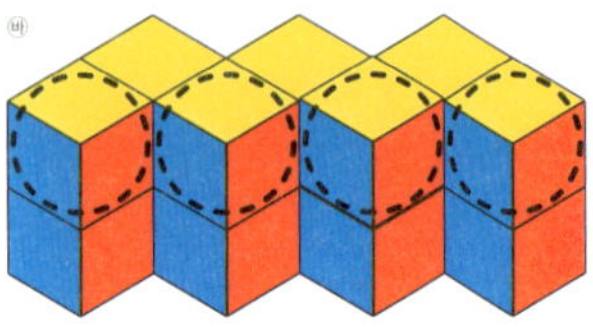

큐브 14개로 만든 ㉳ 모양에서 큐브 4 개를 덜어내면

3면이 보이는 큐브의 최대 개수는 7 개가 됩니다.

p.15

3면이 보이는 큐브

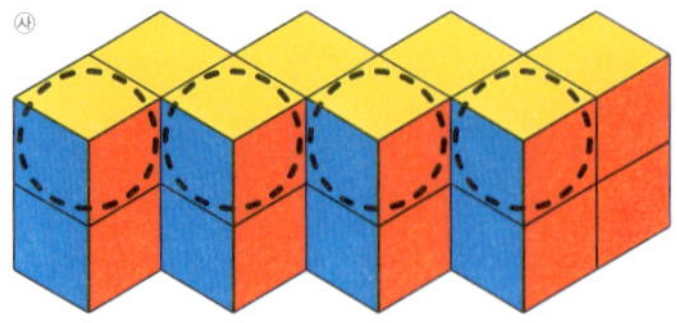

큐브 16개로 만든 ㉴ 모양에서 큐브 4 개를 덜어내면

3면이 보이는 큐브의 최대 개수는 8 개가 됩니다.

규칙을 표로 작성해 보세요.

	㉮	㉯	㉰	㉱	㉲	㉳	㉴
덜어낸 조각 수	1	2	2	3	3	4	4
3면이 보이는 큐브의 최대 개수	2	3	4	5	6	7	8

p.16

6. 조건에 맞게 입체 모양 만들기 1

도형

다음 조건에 맞게 모양을 만들어 보세요.

조건

1. 제시된 그림은 바닥면 그림입니다.
2. 사용한 전체 큐브의 개수는 모두 10개입니다.
3. 3면이 보이는 큐브의 개수는 모두 5개입니다.
4. 입체 모양은 3층입니다.

p.17

문제해결

다음 조건에 맞게 모양을 만들어 보세요.

조건

1. 제시된 그림은 바닥면 그림입니다.
2. 사용한 전체 큐브의 개수는 모두 10개입니다.
3. 3면이 보이는 큐브의 개수는 모두 5개입니다.
4. 입체 모양은 3층입니다.

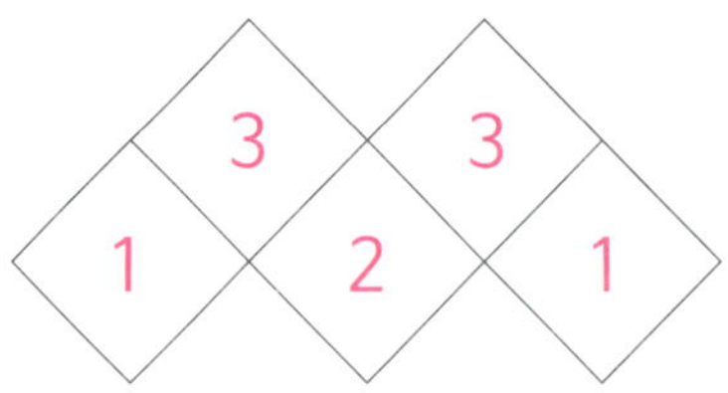

제시된 방법 외에 다양한 답이 나올 수 있습니다.

p.18

7. 조건에 맞게 입체 모양 만들기 2

도형

다음 조건에 맞게 모양을 만들어 보세요.

조건

1. 제시된 그림은 바닥면 그림입니다.
2. 사용한 전체 큐브의 개수는 모두 12개입니다.
3. 3면이 보이는 큐브의 개수는 모두 6개입니다.
4. 입체 모양은 3층입니다.

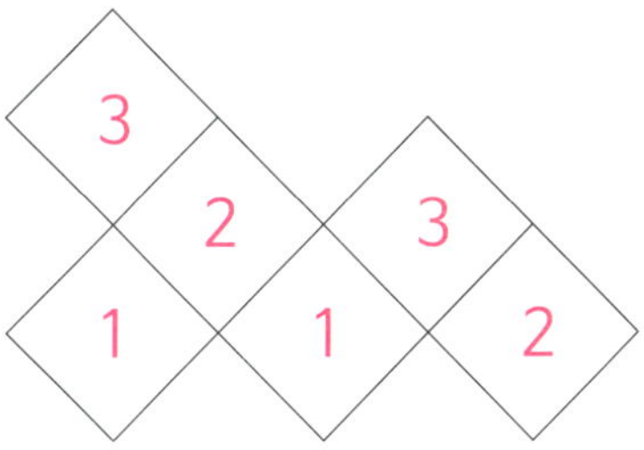

p.19

문제해결

다음 조건에 맞게 모양을 만들어 보세요.

조건

1. 제시된 그림은 바닥면 그림입니다.
2. 사용한 전체 큐브의 개수는 모두 11개입니다.
3. 3면이 보이는 큐브의 개수는 모두 5개입니다.
4. 입체 모양은 3층입니다.

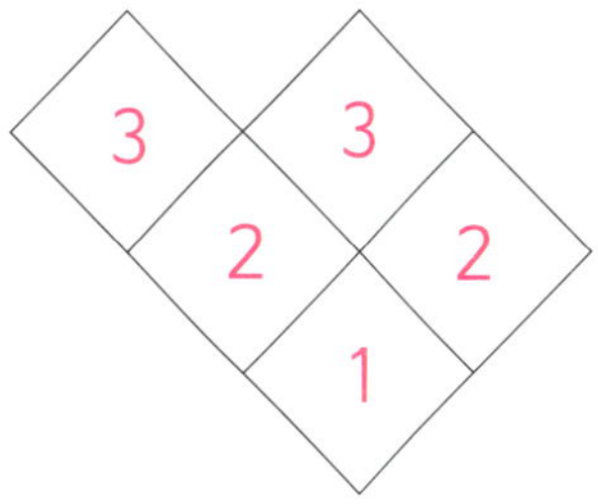

p.20

8. 색배열퍼즐 1

규칙성

다음 보기와 같이 오른쪽과 아래쪽의 숫자는 각각 가로줄과 세로줄에 있는 큐브 윗면의 색의 개수를 나타냅니다. 그림 위에 주어진 색의 수만큼 3D큐브를 놓아보고 색칠해 보세요. 이때, 같은 색을 연속으로 놓을 수 없습니다.

보기

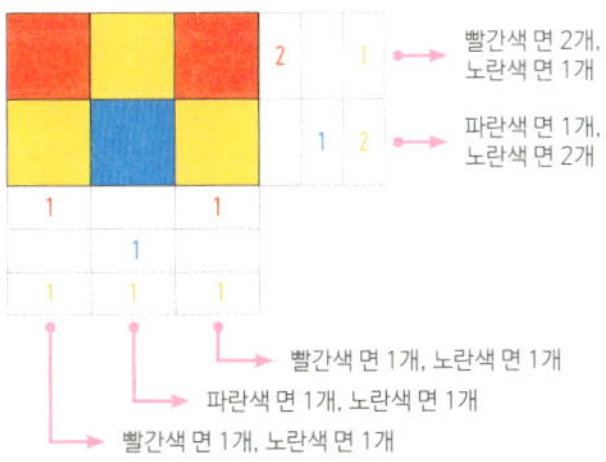

• 숫자의 순서는 색의 위치가 아니고, 빨간색, 파란색, 노란색 면의 개수를 나타낸 것입니다.

p.21

문제해결

그림 위에 주어진 색의 수만큼 3D큐브를 놓아보고 색칠해 보세요. 이때, 같은 색을 연속으로 놓을 수 없습니다.

정답 제시된 방법 외에 다양한 답이 나올 수 있습니다.

p.22

9. 색배열퍼즐 2

도형

그림 위에 주어진 색의 수만큼 3D큐브를 놓아보고 색칠해 보세요. 이때, 같은 색을 연속으로 놓을 수 없습니다.

22 CHALLENGE STEP 3

p.23

입체 모양

그림 위에 주어진 색의 수만큼 3D큐브를 놓아보고 색칠해 보세요. 이때, 같은 색을 연속으로 놓을 수 없습니다.

3D큐브 23

p.24

10. 위, 앞, 옆에서 본 모양 1

도형

3D큐브 7개를 사용하여 다음 모양을 만들었습니다. 위, 앞, 옆에서 본 모양을 그리고 주어진 물음에 답해보세요.

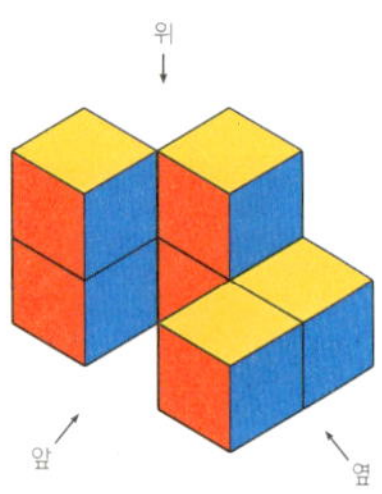

1개 더 놓아도 위, 앞, 옆에서 본 모양이 변하지 않는다

위에서 본 모양 앞에서 본 모양 옆에서 본 모양

위, 앞, 옆에서 본 모양이 변하지 않고 놓을 수 있는 큐브는 최대 몇 개인가요? 1개

24 CHALLENGE STEP 3

p.25

위, 앞, 옆에서 본 모양

3D큐브 8개를 사용하여 다음 모양을 만들었습니다. 위, 앞, 옆에서 본 모양을 그리고 주어진 물음에 답해보세요.

1개 더 놓아도 위, 앞, 옆에서 본 모양이 변하지 않는다

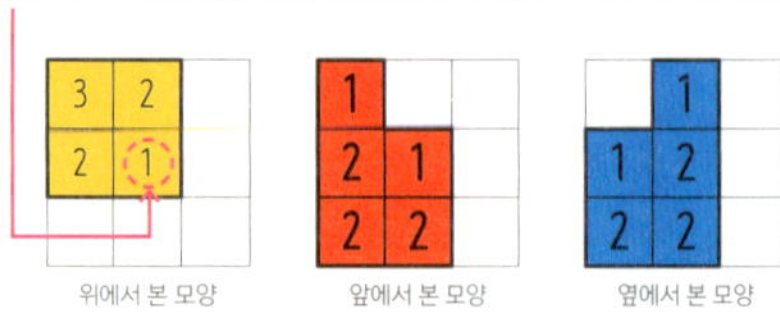

위에서 본 모양 앞에서 본 모양 옆에서 본 모양

위, 앞, 옆에서 본 모양이 변하지 않고 놓을 수 있는 큐브는 최대 몇 개인가요? 1개

3D큐브 25

제시된 방법 외에 다양한 답이 나올 수 있습니다.

p.26

11. 위, 앞, 옆에서 본 모양 2

도형

3D큐브 9개를 사용하여 다음 모양을 만들었습니다. 위, 앞, 옆에서 본 모양을 그리고 주어진 물음에 답해보세요.

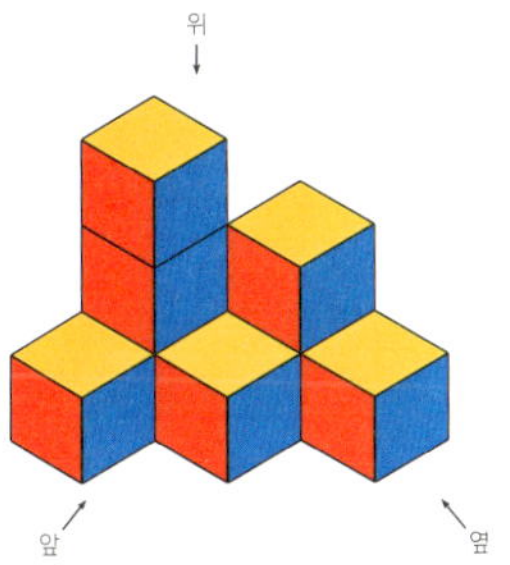

이 위치에 1개씩 더 놓아도
위, 앞, 옆에서 본 모양이 변하지 않는다

1	2	1
3	1	
1		

위에서 본 모양

1		
1	1	
3	2	1

앞에서 본 모양

	1	
	1	1
1	2	3

옆에서 본 모양

위, 앞, 옆에서 본 모양이 변하지 않고 놓을 수 있는 큐브는 최대 몇 개인가요? 2개

p.27

위, 앞, 옆에서 본 모양

3D큐브 12개를 사용하여 다음 모양을 만들었습니다. 위, 앞, 옆에서 본 모양을 그리고 주어진 물음에 답해보세요.

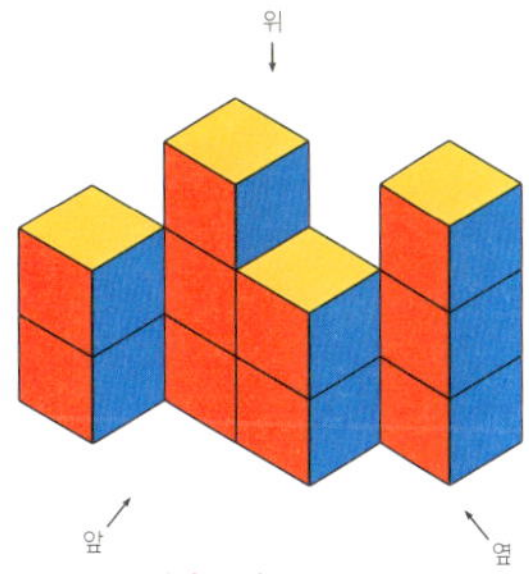

이 위치에 1개씩 더 놓아도
위, 앞, 옆에서 본 모양이 변하지 않는다

		1	3
1	3	2	
2			

위에서 본 모양

	1		1
1	1	1	1
2	1	2	1

앞에서 본 모양

	1	1	
1	2	1	
1	3	2	

옆에서 본 모양

위, 앞, 옆에서 본 모양이 변하지 않고 놓을 수 있는 큐브는 최대 몇 개인가요? 2개

p.28

12. 변하지 않고 덜어낼 수 있는 큐브 찾기 1

도형

위, 앞, 옆에서 본 모양을 보고 주어진 물음에 답하세요.

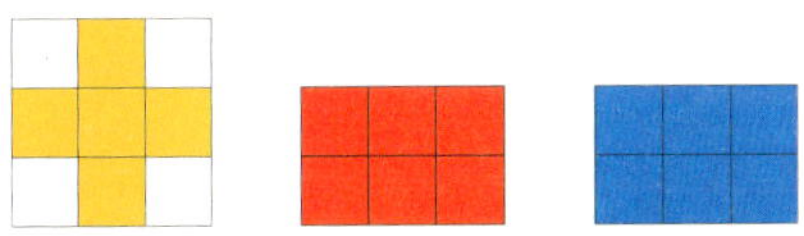

위에서 본 모양 앞에서 본 모양 옆에서 본 모양

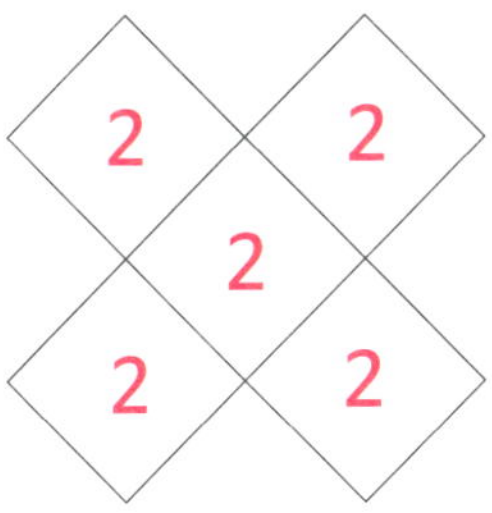

1) 큐브 10개를 사용해서 만들어 보세요.

2) 위, 앞, 옆에서 본 모양이 변하지 않고 덜어낼 수 있는 큐브는 최대 몇 개인가요? 1개

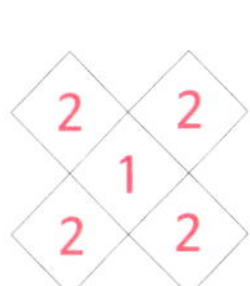

p.29

문제해결

위, 앞, 옆에서 본 모양을 보고 주어진 물음에 답하세요.

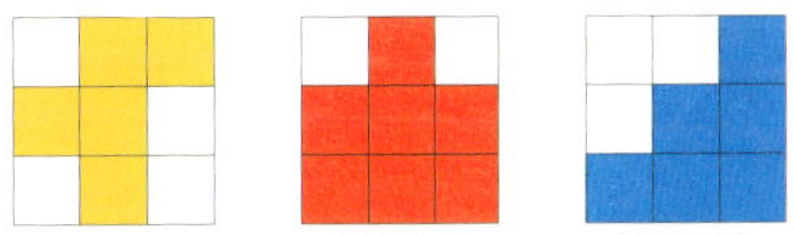

위에서 본 모양 앞에서 본 모양 옆에서 본 모양

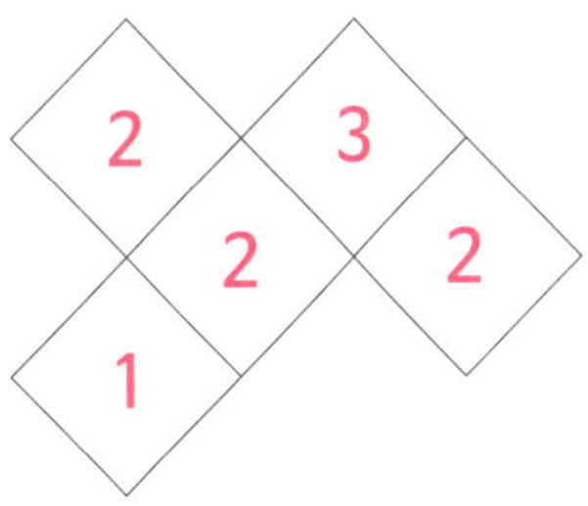

1) 3D큐브 10개를 사용해서 만들어 보세요.

2) 위, 앞, 옆에서 본 모양이 변하지 않고 덜어낼 수 있는 큐브는 최대 몇 개인가요? 1개

정답 제시된 방법 외에 다양한 답이 나올 수 있습니다.

p.30

13. 변하지 않고 덜어낼 수 있는 큐브 찾기 2

도형

위, 앞, 옆에서 본 모양을 보고 주어진 물음에 답하세요.

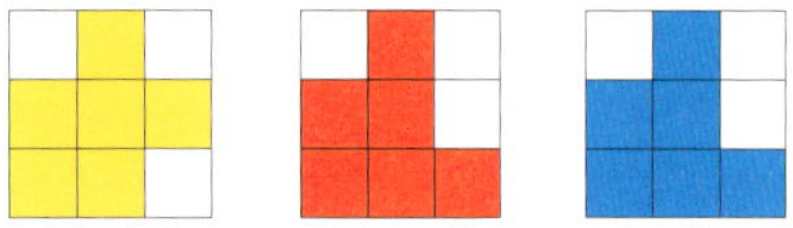

위에서 본 모양 앞에서 본 모양 옆에서 본 모양

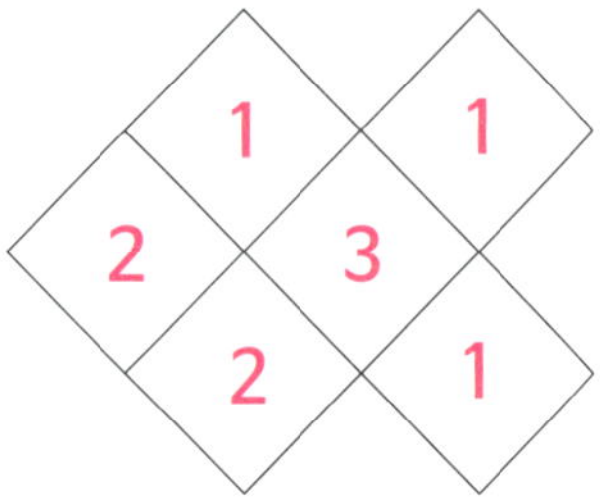

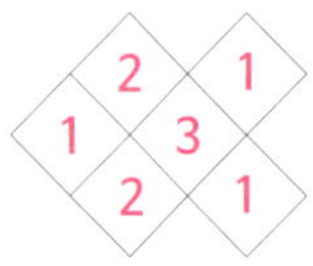

1) 3D큐브 10개를 사용해서 만들어 보세요.

2) 위, 앞, 옆에서 본 모양이 변하지 않고 덜어낼 수 있는 큐브는 최대 몇 개인가요?

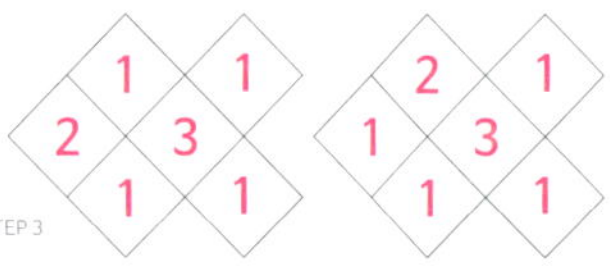

1개

p.31

문제해결

위, 앞, 옆에서 본 모양을 보고 주어진 물음에 답하세요.

위에서 본 모양 앞에서 본 모양 옆에서 본 모양

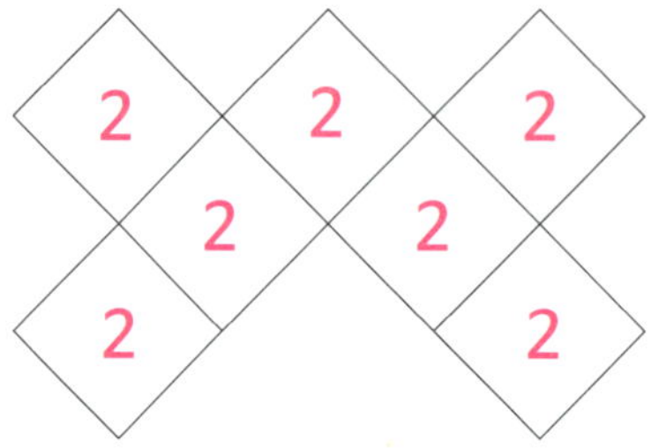

1) 3D큐브 14개를 사용해서 만들어 보세요.

2) 위, 앞, 옆에서 본 모양이 변하지 않고 덜어낼 수 있는 큐브는 최대 몇 개인가요?

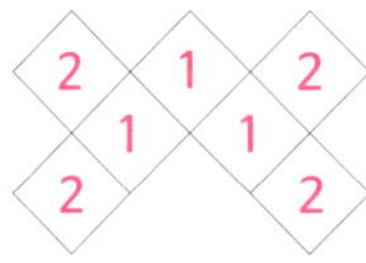

3개

p.32

14. 변하지 않고 덜어낼 수 있는 큐브 찾기 3

측정

위, 앞, 옆에서 본 모양을 보고 주어진 물음에 답하세요.

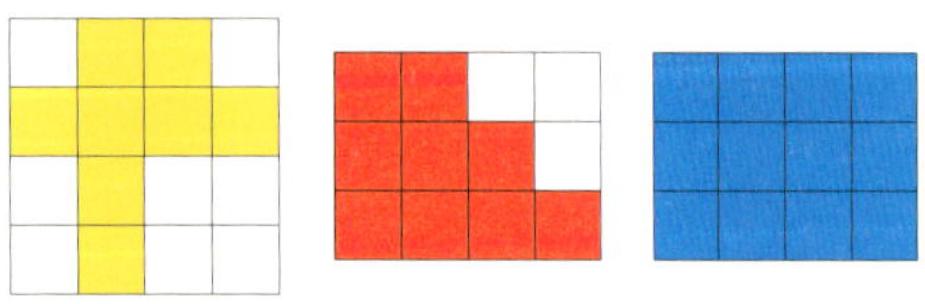

위에서 본 모양 앞에서 본 모양 옆에서 본 모양

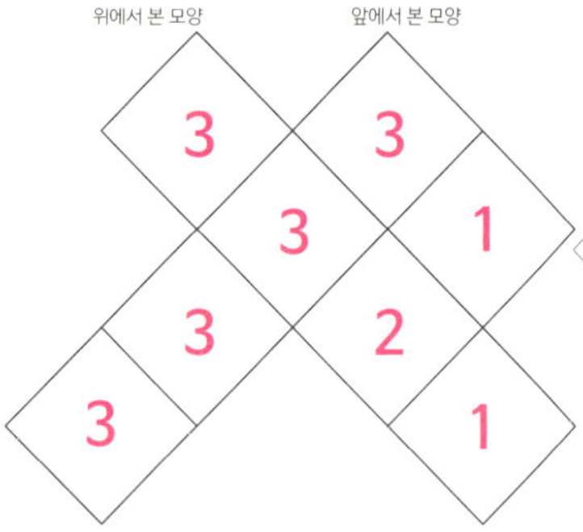

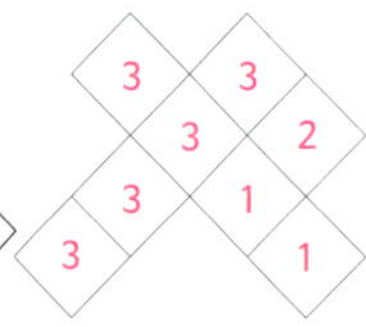

1) 큐브 19개를 사용해서 만들어 보세요.

2) 위, 앞, 옆에서 본 모양이 변하지 않고 덜어낼 수 있는 조각은 최대 몇 개인가요? 2개

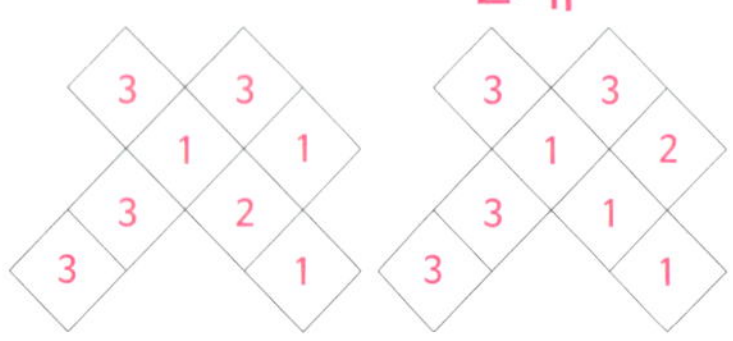

p.33

위, 앞, 옆에서 본 모양

위, 앞, 옆에서 본 모양을 보고 주어진 물음에 답하세요.

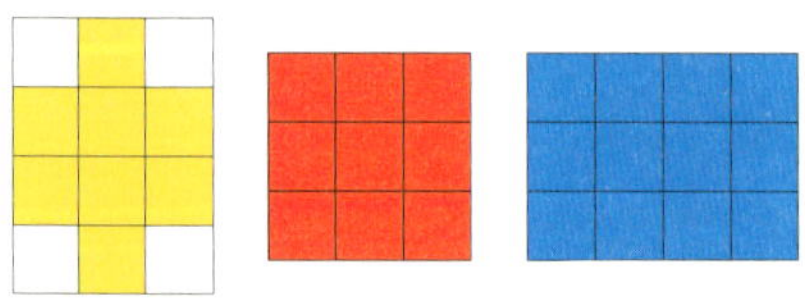

위에서 본 모양 앞에서 본 모양 옆에서 본 모양

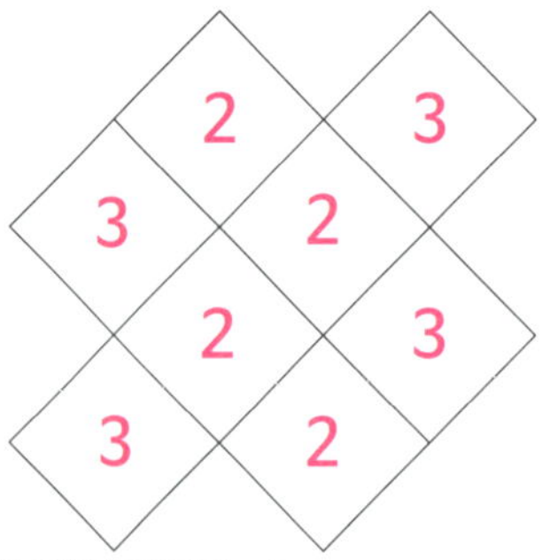

1) 큐브 20개를 사용해서 만들어 보세요.

2) 위, 앞, 옆에서 본 모양이 변하지 않고 덜어낼 수 있는 조각은 최대 몇 개인가요? 4개

제시된 방법 외에 다양한 답이 나올 수 있습니다.

p.34

15. 겉면의 색의 개수

도형

그림과 같이 큐브를 쌓아보고 겉면에 보이는 색의 개수를 세어보세요. 이때, 같은 색 면끼리 붙여야 합니다. (단, 보이지 않는 곳에는 큐브가 없다고 생각합니다.)

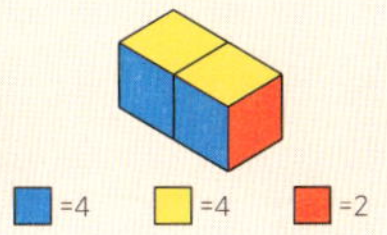

■ = 6 ■ = 10 ■ = 6

■ = 6 ■ = 10 ■ = 6

■ = 6 ■ = 10 ■ = 6

■ = 6 ■ = 8 ■ = 8

p.35

겉넓이 세기

그림과 같이 큐브를 쌓아보고 겉면에 보이는 색의 개수를 세어보세요. 이때, 같은 색 면끼리 붙여야 합니다. (단, 보이지 않는 곳에는 큐브가 없다고 생각합니다.)

■ = 6 ■ = 8 ■ = 8

■ = 8 ■ = 12 ■ = 6

■ = 10 ■ = 8 ■ = 8

■ = 12 ■ = 8 ■ = 10

p.36

16. 조건에 맞게 입체 모양 만들기 3

도형

다음 조건에 맞게 입체 모양을 만들어 보세요.

조건

1. 제시된 그림은 바닥면의 그림입니다.
2. 사용한 전체 큐브의 개수는 모두 16개입니다.
3. 3면이 보이는 큐브의 개수는 모두 7개입니다.
4. 입체 모양은 4층입니다.
5. 선대칭모양으로 쌓여 있습니다.

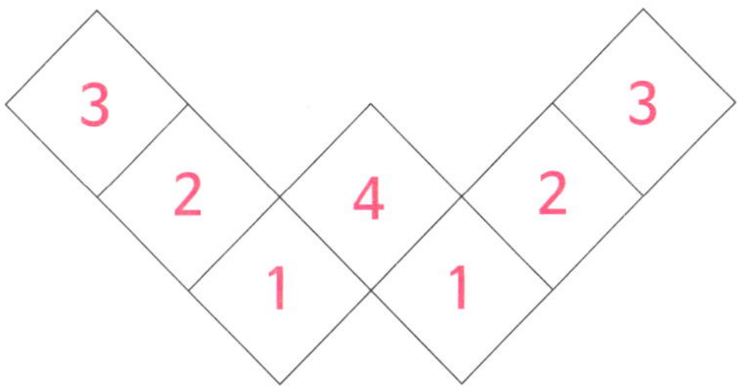

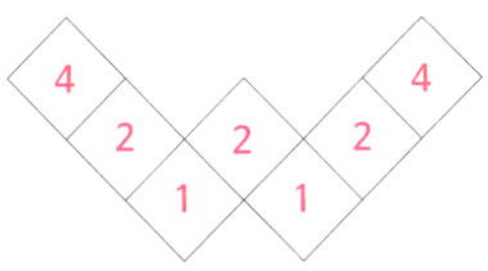

p.37

문제해결

다음 조건에 맞게 입체 모양을 만들어 보세요.

조건

1. 제시된 그림은 바닥면의 그림입니다.
2. 사용한 전체 큐브의 개수는 모두 20개입니다.
3. 3면이 보이는 큐브의 개수는 모두 7개입니다.
4. 입체 모양은 4층입니다.
5. 선대칭모양으로 쌓여 있습니다.

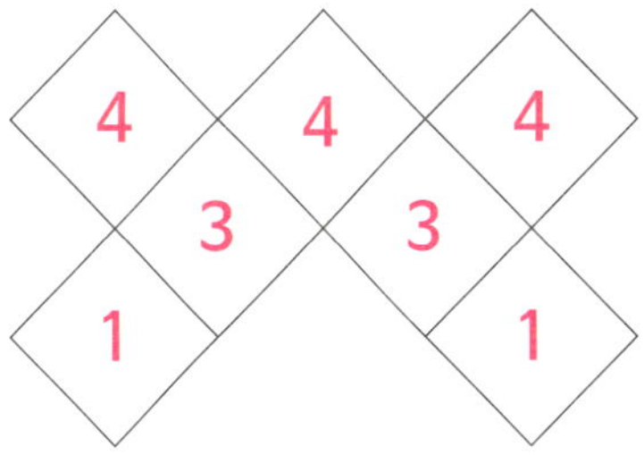

정답 제시된 방법 외에 다양한 답이 나올 수 있습니다.

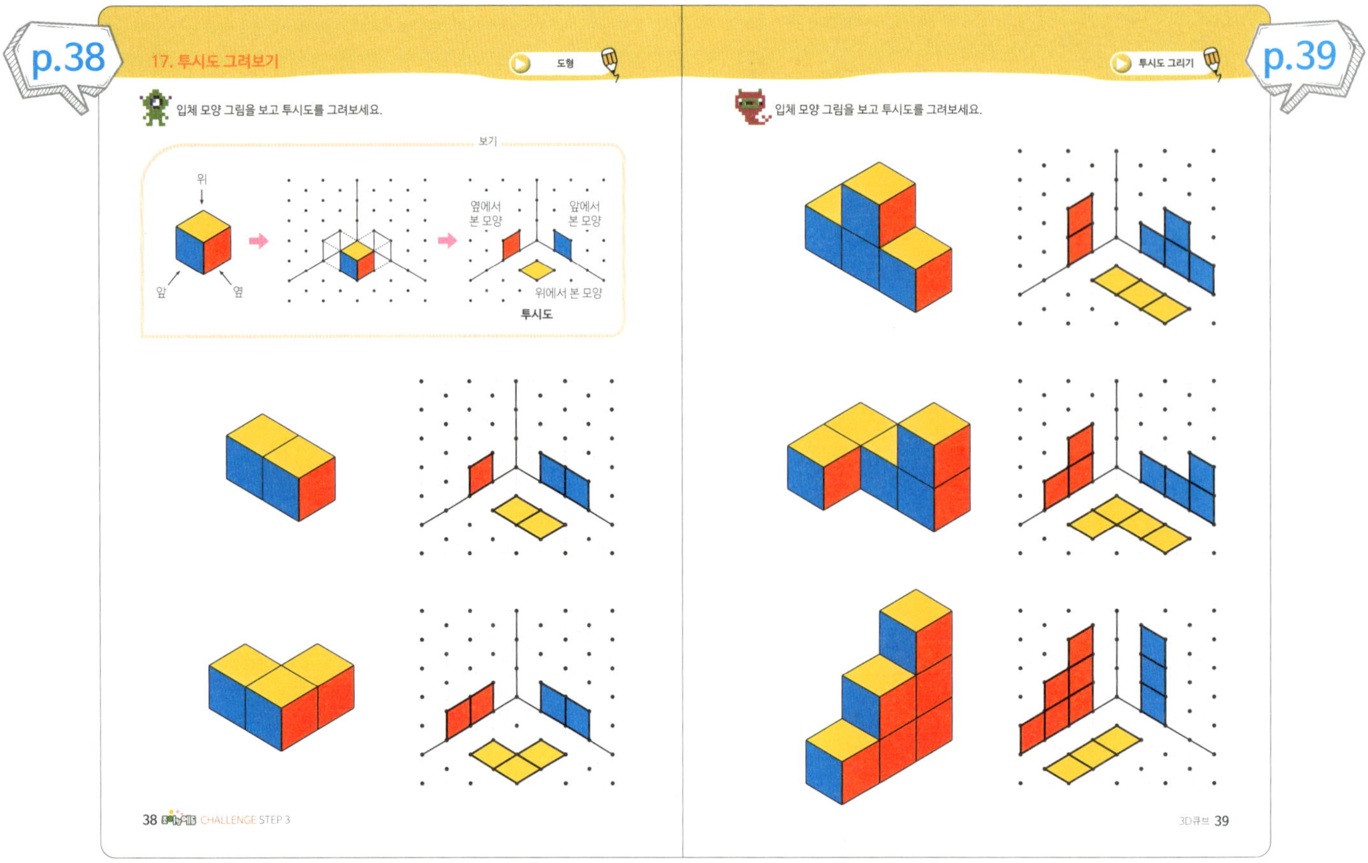

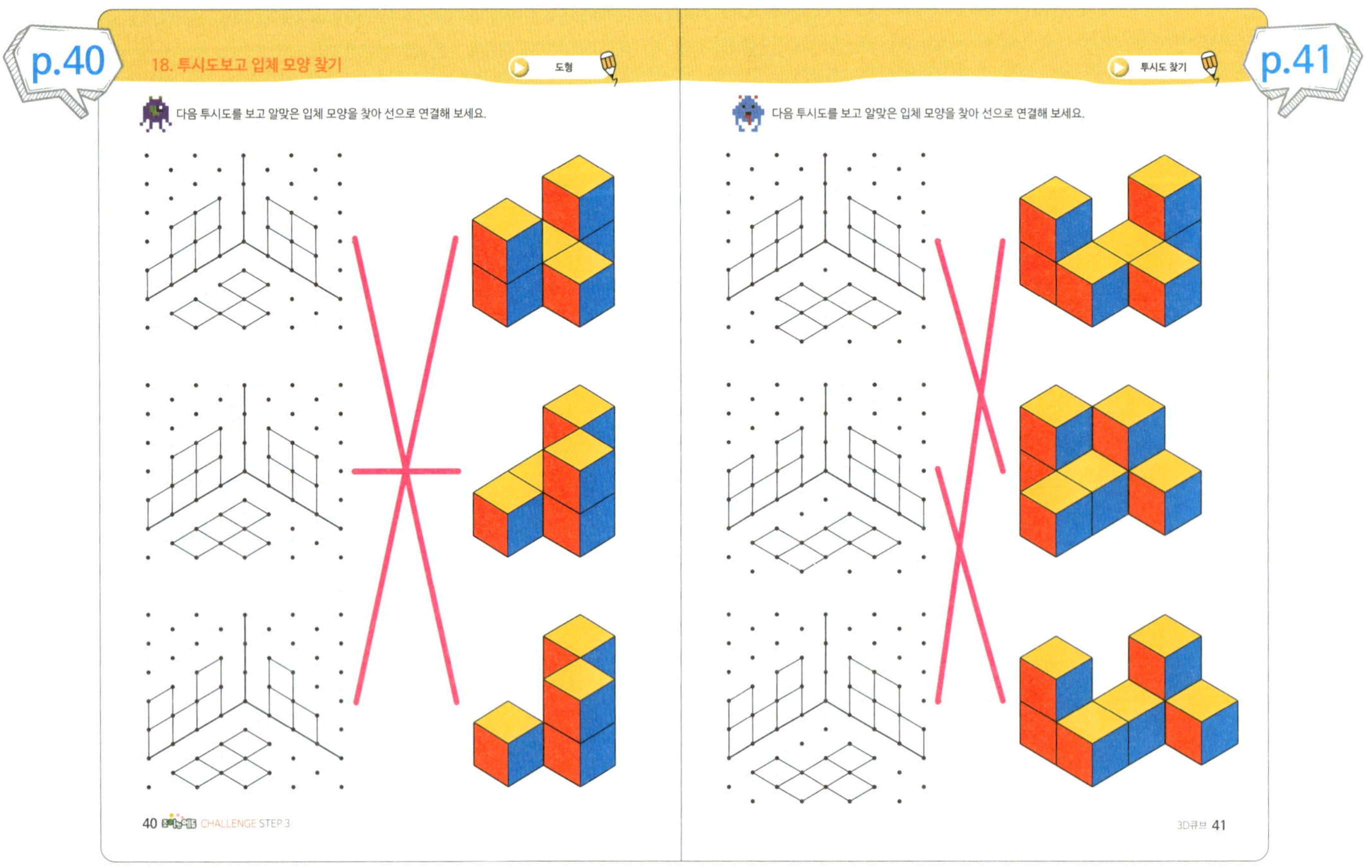

제시된 방법 외에 다양한 답이 나올 수 있습니다.

p.42

19. 숨어 있는 큐브 1

도형

제시된 큐브를 모두 사용하여 입체 모양을 만들려고 합니다. 최대로 숨길 수 있는 큐브의 위치를 찾아 큐브의 개수를 써보세요.

큐브 3개

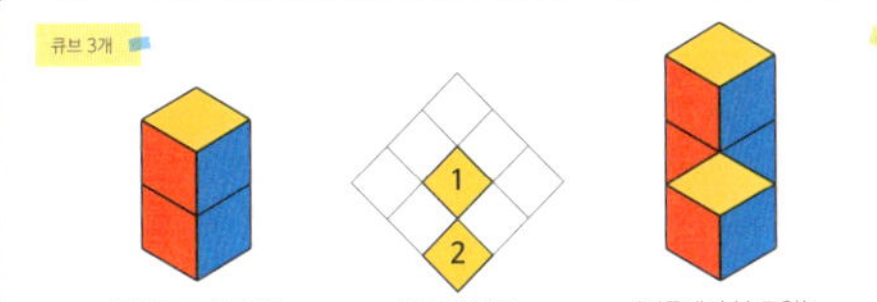

〈앞쪽에서 본 모양〉 〈바닥면 모양〉 〈뒤쪽에서 본 모양〉

큐브 4개

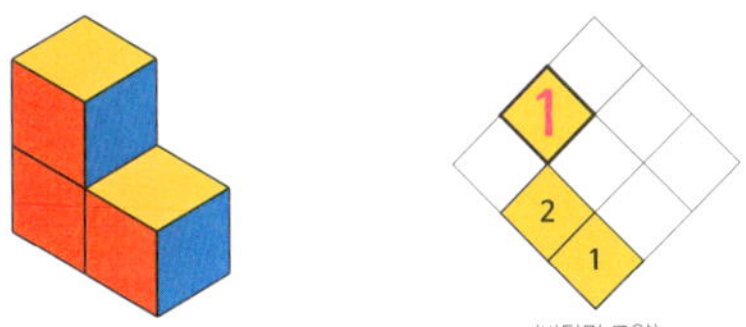

〈바닥면 모양〉

큐브 6개

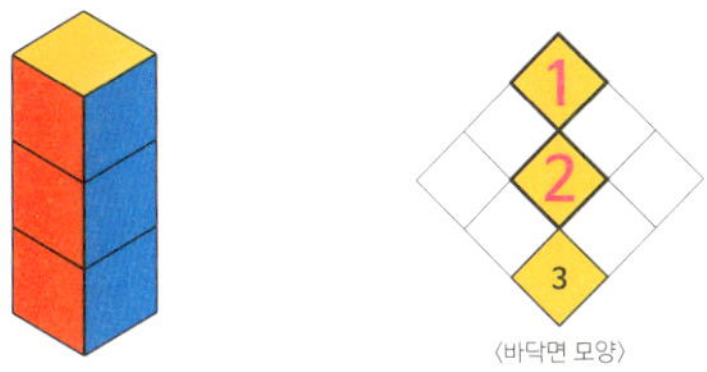

〈바닥면 모양〉

p.43

숨어 있는 큐브

큐브 6개

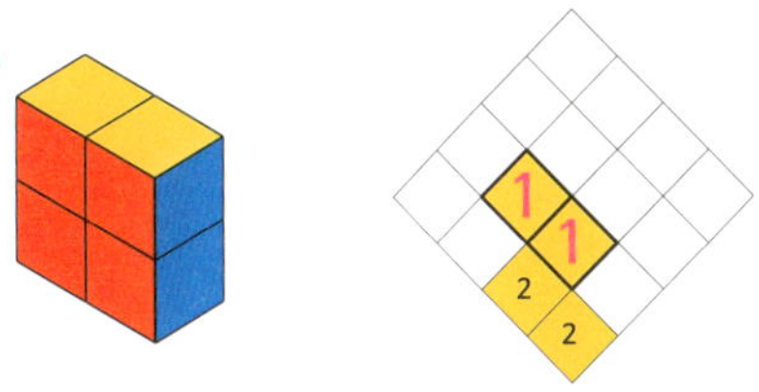

〈바닥면 모양〉

큐브 9개

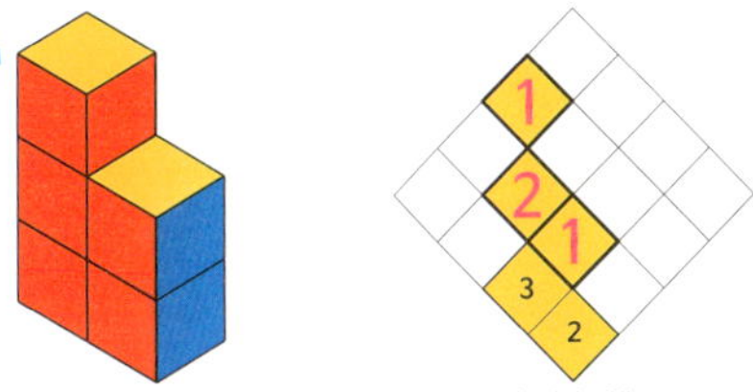

〈바닥면 모양〉

큐브 12개

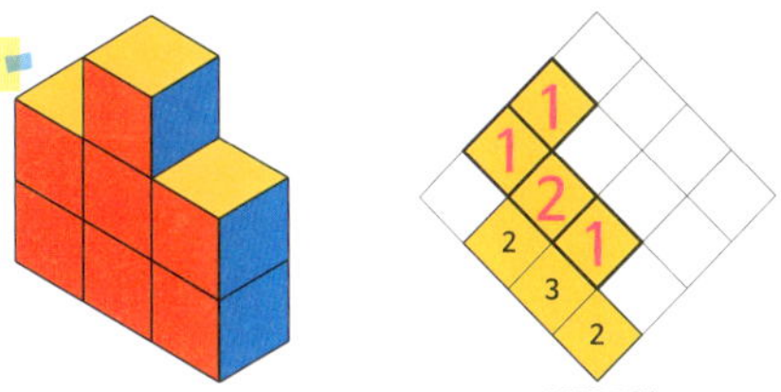

〈바닥면 모양〉

p.44

20. 숨어 있는 큐브 2

도형

다음 모양을 3D큐브로 만들 때 최대, 최소 개수를 구해보세요.

최소 개수 : 4개
최대 개수 : 5개

최소 개수 : 6 개
최대 개수 : 10 개

최소 개수 : 7 개
최대 개수 : 11 개

최소 개수 : 6 개
최대 개수 : 7 개

최소 개수 : 7 개
최대 개수 : 11 개

p.45

숨어 있는 큐브

최소 개수 : 8 개
최대 개수 : 13 개

최소 개수 : 8 개
최대 개수 : 12 개

최소 개수 : 10 개
최대 개수 : 17 개

최소 개수 : 9 개
최대 개수 : 17 개

티칭 가이드 등각투시도 관점에서는 2층 뒤에는 최대 1개, 3층 뒤에는 최대 3개의 큐브를 숨길 수 있습니다. 또한 2층, 3층이 만나는 곳 뒤에도 큐브를 숨길 수 있습니다.

MEMO